몸값 높이는
직장생활 비법

몸값 높이는 직장생활 비법

이종혁 지음

매일경제신문사

지금 직장에는 다양한 세대가 공존하고 있다. 기성세대부터 요즘 흔히 이야기하는 MZ 세대까지 많게는 약 30년의 나이 차이가 나기도 한다. 이렇게 다양한 세대가 각자의 성과를 내기 위해 일하고 있다. 나는 낀 세대로 누군가의 후배며 선배기도 하다. 근무한 날보다 근무할 시간이 적게 남아 있다.

tvN의 <어쩌다 어른>이라는 TV 교양 프로그램이 있다. 어느덧 어른이 된 이들에게, 품격 있는 어른이 되기 위한 다양한 지식과 통찰을 전달하는 프리미엄 특강 형태를 가지고 있다. 나는 직장에서 '어쩌다 선배'가 되었다. 올해로 27년간 직장에 몸담고 있다. 이렇게 오래 직장생활을 할 줄 몰랐지만 매우 감사하게 생각한다.

하지만 아쉬운 점이 있다. 좀 더 목표한 것을 위해 주관을 가지고 생활하지 못한 시간이 있었다. 그래서 '꼰대'라는 소리를 듣더라도 후배에게 말하고 싶은 메시지가 있었다. 내 경험을 바탕으로 평소에 생각한 것들을 글로 표현하고자 한다.

어느 순간부터 유종의 미를 잘 거두자는 생각이 들었다. 직접적인 계기는 자기계발 서적을 독서하며 일을 제대로 하는 방법에 대해 생각하며 시작됐다. 좀 거창하게 들릴지 모르지만 '왜 일하고, 어떻게 일해야 하는지?'에 대해 스스로에게 물었다.

직장생활을 생각해보면 나는 꿈 없이 하루하루 열심히 생활했다. 그냥 조직에서 오래 있기 위한 치열한 몸부림 같다. 그저 앞만 보고 열심히 살았던 것 같다. 내가 어디로 가고 있고, 가야 하는지 생각없이 지냈다. 무엇보다 소중한 시간을 효율적으로 사용하지 못했다는 아쉬움이 너무 남는다.

만약 진정한 고수가 직장생활을 통해 얻은 삶의 원리와 경험을 먼저 제대로 알려주었다면, 직장생활이 더 생산적이고 의미 있었으리라 생각한다. 어떤 일이든 경험을 통해 원리를 알고 나면 다른 시각으로 세상을 볼 수 있다. 직장이 단지 일만 하는 곳이 아닌 자신을 알아갈 수 있고, 꿈을 찾고 그 꿈을 이루어가는 여행을 하는 곳이길 바란다.

목표, 계획, 결과, 실적, 성과, 문제 등은 이 책에 자주 등장하는 용어들이다. 하지만 나도 직장생활의 반을 해오기까지는 전혀 이해하려고, 알려고 하지 않았다. 누군가 정해놓으면 따라가는 시능을 했을 뿐이다. 내 일을 했다는 생각이 전혀 없다. 그러다가 '좀 더 제대로 일하는 방법은 없을까?'로 시작된 의문에 답을 구하기 시작했다. 이런 생각을 가지고 독서했고, 생각을 하고, 찾고자 하는 것을 미리 마음에 담고 독서하며 찾은 것을 정리했다. 또 제조업에서 장기간 근무하며 겪은 경험을 더했다. 아직도 확실한 결과물을 얻지는 못했지만, 내 생각을 가지고 직장생활을 하는 데는 보람이 있다.

첫째, 내가 나를 만족한다. 나 자신을 사랑하게 되었다. 나는 바로 나고, 귀중한 존재이니까. 스스로를 존중하게 되면서 타인을 같이 존중하는 법을 배웠다.

둘째, 일하는 방법을 찾았다. 다양한 문제를 풀어나가는 프로세스와 패턴을 통하면 먼저 리딩하고 성과로 이어지는 해법을 알게 되었다. 나의 생각과 경험을 녹여 제대로 일하는 방법을 정리했다.

《몸값 높이는 직장생활 비법》은 전체 4장으로 구성되어 있다. 1장 '어떻게 하면 일을 잘할 수 있을까?'에서는 일의 의미를 담았다. 자신이 하는 일의 정의를 내려보고, 목표를 점검해보고자 한다. 의도한 계획에 대해 먼저 생각하고, 공유해야 한다는 점을 강조했다. 내가 생각한 것은 무엇인지 뒤돌아볼 수 있도록 설명한다.

2장 '똑같이 해서는 고수가 될 수 없다'에서는 독자 관점에서 생각했다. 자신이 만족하고 성장할 수 있다는 희망을 준다. 잠재되어 있는 역량을 깨워 동기부여를 높인다. 직장에서 같이 일하면서도 성과를 내는 직원은 따로 있는데, 이 부분을 정확히 알려주고자 한다.

3장 '직원으로 남지 말고 전문가로 성장하라'에서는 스스로 일할 수 있는 기술을 알려준다. 성과의 정의를 알면 일하기 전에 먼저 성과를 내놓고 일할 수 있다. 두서없이 일했다면 이 부분에서 자신의 성장을 느낄 수 있을 것이다.

4장 '나를 차별화하는 브랜딩을 하라'에서는 이미 성장한 자신을 확인할 수 있을 것이다. 실행하는 방법을 습득해서 실제 현업에서 적용하는 실행을 강조한다. 일의 효율을 높여 한 단계 더 높은 곳을 준비하는 계기를 만들 수 있을 것이다.

'먼저 이겨 놓고 싸운다'는 말이 있다. 《손자병법》 군형(軍形)편에 나오는 '선승이후구전(先勝而後求戰)'이다. 승리하는 부대는 먼저 이겨 놓고 싸우려 하며, 패배하는 부대는 먼저 싸운 후 승리할 방법을 찾는다는 이야기다. 직장에서도 무턱대고 일부터 하고 성과와 인정을 바라고 있는 것은 아닌지 나를 돌아보게 하는 말이었다. 지금은 해결하는 방법과 프로세스로 이미 문제를 풀고 일하려 노력하고 있다.

자기 일을 사랑하고 끈기와 열정으로 근무하는 동료들에게 이 책이 조금이나마 도움이 되길 바란다. 내가 십여 년 전 먼저 이 책을 보았다면 더 성장한 당당한 직장인이 되었으리라고 생각한다.

이종혁

사례 등장인물

강동구 대리

생산1팀 근무, 대리 1년 차로 4년째 근무 중. 취미는 등산. 좌충우돌형으로 한번 마음 먹으면 무섭게 추진한다. 현재 직장인 사춘기를 보내며 마음의 갈등을 겪고 있다. 미혼으로 권 대리에게 마음이 있다.

최명호 팀장

생산1팀장, 팀장 5년 차로 20년째 근무 중. 취미는 등산, 독서, 책 쓰기. 내성적이며 사색형으로 목표한 바는 끝을 보는 성격. 다양한 경험을 통해 직장의 프로세스와 패턴을 아는 고수. 모두의 멘토로 인정받고 있다.

권연서 대리

구매팀 근무, 대리 2년 차로 5년째 근무 중. 취미는 독서, 유튜브. 내성적이며 생각이 많음. 강 대리의 선배이나 두 살 어리고, 똑소리 나게 자기 업무를 처리하며 구매팀에서 성장 중. 강 대리와 진지한 만남을 이어가고 있다.

천규동 과장

품질관리팀 근무, 과장 2년 차로 10년째 근무 중. 취미는 여행. 전형적인 딴지형으로 트러블 메이커. 한편으로 두 아이의 육아와 일을 병행해야 하는 힘든 시기를 보내는 중으로 '육아휴직'에 대한 갈등이 있다

맹준규 차장

생산관리팀 근무, 차장 2년 차로 15년째 근무 중. 취미는 재테크. 분석을 잘하고, 꼼꼼하나 결정에 유난히 약함. 중년에 들어서면서 노후 대비 걱정을 많이 한다.

01

어떻게 하면
일을 잘할 수 있을까?

문제는
바닥난 자존감

최근 직장 후배의 결혼식에 참석했다. 코로나로 어려운 결혼식을 한 것을 알고 있어서 더 축하해주었다. 지금도 마스크를 쓰고 결혼식에 가야 한다. 일생에 한 번 있는 결혼식 사진을 찍는데도 마스크를 쓰고 있는 모습이 안쓰럽게 느껴졌다. 당사자가 서운해하지 않을까 생각했지만, 오히려 감사한 마음을 갖고 있었다.

"어휴! 그래도 다행이고, 감사하게 생각합니다. 이렇게 식을 올릴 수 있다는 게 감사합니다."

후배가 이렇게 이야기하는 이유가 있다. 원래 계획으로는 2년 전에 결혼식 날짜를 잡았는데 코로나 상황이 최악일 때였다. 모이는 것 자체로도 극도로 공포심을 갖는 시기였다. 두 번의 연기 끝에 이번에 어렵게 식을 올리는 행복을 갖는 것이다. 얼마나 힘들었으면 후회보다 감사한 마음을 가질까 생각했다. 어려운 상황에서도 매사에 감사와 행복을 찾으려는 후배에게 배운 하루를 보냈다.

'나는 잘하고 있는 건가? 어떡하지? 자식, 잘난 체는?'

평소 활달하고 긍정적인 모습을 보이던 강 대리가 흔들리는 듯했다. 며칠 전 있었던 고객 감사가 영향을 준 것이 분명했다.

"강 대리, 잘 있었어? 여기 다니는구나! 감사 준비는 잘된 거지?"

"어, 안녕. 오랜만이네! 잘 지내지?"

대학 동기인 K가 고객으로 감사를 왔다. 중요한 감사다 보니 과장님, 팀장 님부터 회사 차원에서 대응했다. 대학 때도 안하무인에 잘난 체가 심해 가깝게 지내지 않았던 동기의 방문은 몹시 불편했다. 회사 입장에서는 대학 동기의 방문이니 감사가 수월할 것으로 기대했다. 하지만 지적이 많은 상황에서 "정말 동기가 맞냐?"고 다들 물어보는 통에 강 대리의 마음은 영 편치 않았다. 열심히 공부하지 않은 K보다 자신이 학점도 더 좋았다. 항상 비교하고 목소리만 높아 동기들과 잘 지내지 못한 K였다. 지금 K보다 못하다는 생각에 자신이 몇 년간 잘 성장하지 못한 것 같아 강대리는 자존감이 한없이 낮아지고 있었다.

"잘했어, 이 대리! 수고했어, 김 대리!"

간단한 칭찬이다. 쉬울 것 같은데도 어려운 게 이 간단한 말이다. '칭찬은 고래도 춤추게 한다'라는 말이 있다. 칭찬을 들으면 자존감이 높아지고, 긍정의 동기부여를 준다. 하지만, 현실의 직장에서는 참 잘 안 되는 것이 이 칭찬이다.

"이 대리 아직 안 됐어? 언제까지 잡고 있을 거야? 매번 늦어서 어떡할 거야!"

"야! 생각이 있는 거야, 없는 거야? 이 정도 수준밖에 안 되니?"

말하는 사람은 무심코 한 말일 수 있다. 또 잘되라고 경고성으로 한 말일 수 있다. 하지만 받아들이는 사람은 기분이 아주 좋지 않다. 내가 이 정도밖에 안 되나 하는 자책을 한다. 온종일 우울한 기분으로 지낸다. 아무리 밝은 표정을 지으려 해도 표정에서는 어딘가 우울함이 나타난다.

일상적인 반복이다. 우울한 기분으로 힘들게 집에 들어섰는데, 어질러진 집을 보고 자신도 모르게 말이 툭 튀어나온다.

"집 꼴이 이게 뭐야! 온종일 뭐 했어? 집이나 좀 정리하지!"

낮아진 자존감을 보상받으려는 듯 집에서 화풀이하고 만다. 우울감의 연속이다. 자존감이 낮아지면 행복할 수 없다. 부와 명예와 권력을 가져도 행복하지 않은 이들이 있다. 남들이 부러워하는 지위를 가졌음에도 행복하지 않은 이들이 있다. 자존감이 낮기 때문이다. 반대로 가진 것이 별로 없어도 행복한 사람이 있다. 가치 기준이 다르다. 무엇보다 자기 자신을 존중하는 마음을 가졌기 때문이다. 이런 사람은 자신이 행복하다고 생각한다. 자신을 존중하는 마음은 필요하다. 자아존중감을 우리는 '자존감'이라고 말한다.

우리는 누구나 행복하게 살길 바란다. 행복을 느끼는 여러 요인 중에 자존감은 중요한 한 부분이다. 행복하려면 마음이 편하고 즐거워야 한다. 그러려면 자신을 사랑하는 마음을 가져야 한다. 존중감과 자존감을 높이는 노력을 해야 한다. 행복도 영원한 것이 아니고, 이 행복을 느끼는 때는 자존감이 상승할 때다.

앞서 사례의 강 대리와 같이 누군가와 비교당할 때 자존감은 더욱 낮아진다. 더군다나 나보다 못한 상대라고 느낄 때 더욱 자존감이 낮아진다. 하지만 자존감은 물결과 같아서 한자리에 있지 않다. 자존감을 높이는 동기부여로 자신이 성장하면 자존감도 높아진다. 반대로 가만 있으면 낮아지는 성향도 나타낸다. 그렇기에 계속 자존감을 높이는 동기를 만들어주고 변화해야 한다.

직장에서는 특히 자존감이 낮아질 수 있다. 누군가와 항상 비교당하고 평가받는 시스템에 노출되기 때문이다. 학생 때도 동급생과 경쟁하지만, 같이 배우는 입장이지 직접 비교당하지는 않는다. 직장은 자기 일을 하고 성과도 내야 한다. 하기 싫으면 하지 않아도 되는 상황과는 차이가 있다. 또 처음부터 업무를 생소하게 배우지만 딱히 정해진 학습 방법도 없다. 하나하나 선배를 통해, 혹은 자신이 직접 경험하며 업무를 익힌다.

문제는 서툴고 배우는 과정에서 자존심을 상하게 된다는 것이다. 선배도 자기 일을 해야 하고 그렇게 배웠기에 정해진 방법이 없다. 누구나 처음은 서툴고, 실수하며 배운다. 경험과 자기 생각을 더해 자신의 존재를 나타낸다. 이때부터 평판이 시작된다. 언제나 허용되는 시간이 있듯 경력이 쌓이면 이에 맞는 역할과 역량을 기대한다. 이때 제대로 업무를 배우지 못하면 자존감을 잃기 쉬운 시기가 온다. 바로 강 대리와 같은 대리 시절이다. 초급 사원을 막 벗어나 이제는 자신의 업무를 단독으로 기획하고, 역량을 펼칠 시기 말이다. 이 시기에 주관을 가지고 자기 역량을 펼칠 때 자존감은 상승한다. 배운 게 있고 하려는 열정이 있으며 자기가 주도할 수 있는 일 말이다. 일을 주도한다고 하니 엄청 대단한 일 같지만 사실 사소한 것이다. 자기의 의견이 반영되고, 자신의 말을 들어주는 이가 생긴다는 것이다. 이를 통해 적극적으로 자기 생각을 제시한다. 또 이를 인지한 상사가 받아들이고 간단한 칭찬을 곁들이면 이보다 큰 동기부여는 없다. 더 잘하려는 동기부여를 스스로 찾은 경우다.

물론 반대로 이 시기에 자존감을 상실하는 이가 있다. 입을 닫고 구직 사이트를 알아보는 이가 생긴다. 자신의 성장을 위한 일일까? 아니면 자존감의 상실로 인한 것일까? 판단하기 어려운 문제나 이것은 향후 큰 차이로 나타난다.

나 같은 경우도 자존감이 높아졌다 낮아졌다를 반복했다. 반복적인 업무를 5년 이상 할 때 특히 자존감이 낮아졌다. 동료나 상사가 보는 시각보다 내 스스로가 나태해지고 처지는 것을 경험했다. 그러다 해외 근무를 하며 도전적 환경에 적응할 때 자존감이 상승했다. 사실 당시는 잘 몰랐지만, 자존감이 상승했다기보다 무엇인가에 도전하고 있었다. 더 적극적으로 해야 하는 일에 몰두하며 자신감을 얻은 게 주효했다. 돌이켜보면 자신감을 얻은 나는 자존감이 높아진 것 같다. 내가 할 수 있다는 긍정의 생각과 내가 필요한 환경에서 나의 존재를 찾았다.

지금은 다른 한편에서 나의 자존감이 상승하고 있다. 바로 일반인이 해내기 쉽지 않은 '책 쓰는 직장인'이라는 점에서 그렇다. 꾸준한 독서가 준 선물이다. 머리에 무엇인가 깨달음을 담다 그것이 넘쳐나니 책을 쓰고 싶다는 욕심이 생겼다. 직장에서는 '책을 쓰는 특별한 이'로 불린다. 내가 쓴 책을 보고 좋아해주는 팬도 있다. 진지하게 읽고 평을 해주시는 분도 있다. 평소에도 서점에 자주 간다는 그분은 책에 둘러싸인 환경에서 근무한다. 여러 책 중에서 내 책을 정성들여 읽어주시고, 조언도 해주심에 감사함을 느낀다. 이때 태연한 척 조언을 들었지만, 나의 자존감은 이루 말할 수 없이 상승하는 경험을 했다.

무엇보다 내가 나를 존중할 때 상대도 존중할 수 있고, 이를 통해 소중함을 배운다. 자존감을 높이는 생활을 습관화한다면 즐거움과 행복이 멀리 있지 않음을 알게 된다. 그래서 나는 이 중요한 자존감을 스스로 높일 방법을 정리해보았다.

첫째, 하루하루를 그냥 감사로 시작하라. 나는 새벽에 침대에서 눈을 뜨면 감사한다. 내게 가족이 있어 행복하고, 또 건강하게 일할 수 있는 환경이 있음에 감사한다. 사실 매일 똑같이 시작하는 하루를 지루함과 권태감, 무력감만으로 시작한다면 온종일 부정적이고 우울하다. 하지만 하루를 긍정으로 시작하고 감사해보라. 매일의 일상을 내가 주도하는 하루로 만들 수 있다. 하루를 마치고 잠들기 전에도 같은 감사를 전한다. 내가 한 일의 의미를 다시 생각해보는 계기가 된다. 나라는 존재가 귀하게 느껴진다. 스스로 나의 자존감을 높이고 있다.

둘째, 작은 성취감을 얻어라. 자존감은 무엇인가를 실행할 때 얻는 스스로에 대한 감정이다. 가만히 있는데 자존감이 상승하지 않는다. 작은 것이라도 실행해야 얻는다. 무엇이라도 해야 한다. 직장에서는 시키거나 지시받은 일을 잘하면 자존감이 상승한다. 하지만 자신이 찾아내 주도해서 시행하면 자존감은 더 높아진다. 어쩌면 이것이 진정한 자존감 상승이 아닌가 한다. 자존감이 높은 사람은 어떤 일에 실패하더라도 좌절하지 않고 다시 도전한다. 새로운 일을 시도하는 것에 주저하지 않는다. 반면에 남의 요청을 자신이 원하지 않는데도 거절하지 못하는 이가 있다. 지나친 배려로 자신의 의견을 제시하지 못하는 이가 있다. 주로 결정되면 따라 하는 이들이다. 직장에서도 이렇게 일하는 이들이 있다. 자신감 부족일 수도 있다. 도전을 두려워하고 실패를 극복하지 못하는 상태에서는 자존감이 높아질 수 없다. 당당히 "노!"라고 말할 수 있는 자신감이 필요하다.

셋째, 무한 긍정에 노출되어라. 나는 긍정적인 생각을 가졌다고 해도, 부정적인 시각을 가진 동료도 있다. 나를 이용 대상으로 여긴다든지, 스트레스 해소 대상으로 생각하며 은근히 무시하는 동료도 있다. 회사 자체가 경쟁과 평가로 통제되는 시스템을 갖고 있다. 이렇다 보니 여러 사람이 있다. '내가 너보다 훨씬 우월하다'라는 우월감을 뼛속까지 가지고 있는 이들도 있다. 부정적인 친구들은 멀리하고 나를 존중하고 진실하게 대하는 친구들을 찾아야 한다. 그 동료들은 자신에게 긍정적인 영향을 준다. 자존감은 환경에 따라 같이 높아지는 특징이 있다. 그래서 긍정의 리더에게 적극적인 팀이 있고, 좋은 성과로 이어지는 경향이 있다.

넷째, 스스로 내린 결정에 자신감을 가져라. 자존감이 낮은 사람은 스스로에 관한 공부가 필요하다. 자신의 가치와 나 자신을 스스로 이해해야 강한 자신을 만들 수 있다. 자기 자신을 잘 알면 과거의 경험을 통해 다가올 일들에 자신감을 느낀다. 자신 있게 주어진 선택을 할 수 있고, 결정에 스스로 신뢰할 수 있다. 회사에서 사소한 문제까지도 결정하지 못하는 이들이 있다. 초급사원 때는 결정할 일이 없다는 이유로 그냥 넘어간다. 하지만 위로 올라갈수록 결정할 일이 늘어난다. 직책을 갖고 일하는 환경에서는 당연한 일이다. 이 부분에 자신감이 부족하면 자존감이 낮아지는 경험을 하게 된다. 따르는 후배의 눈길이 바로 달라진다. 결정을 잘하는 사람에게 몰리게 된다. 직장의 비애다.

코로나로 마음대로 돌아다니지 못하는 답답함이 있다. 급격한 사회 환경 변화에 나만 뒤처지나 하는 불안감이 있다. 어중간한 경력과 나이, 뛰어나지 못한 역량을 생각하면 마음이 우울하다. 나 자신을 낮게 보게 된다. 자존감도 떨어진다.

직장에서 즐겁지 않고서는 행복을 바랄 수 없다. 작은 변화를 주고 성취를 얻는 습관을 들여보자. 스스로의 존재를 높게 볼 때 자신감을 느낄 수 있다. 평소 잊고 지냈던 것들도 당연하게 생각하고 지냈다면 감사해 보고, 행복을 찾아보자. 문제를 나에게서 찾아보자. 바로 낮은 자존감이 문제인 것이다. 습관을 들이는 방법을 소소하게 실천해야 한다. 무엇이든 해야 성취와 소소한 자신감을 느낀다. 언제나 기억하길 바란다. 당신은 무한한 가능성을 갖고 있다는 것을.

일을 잘하는 사람에게는
이유가 있다

회사란 참 묘하다. 각자 원하는 것을 얻고자 몸담고 있다. 한 집안의 가장으로서 생계를 책임지기 위해서는 하기 싫다고 해서 언제든 이직할 수도 없는 것이 현실이다. 또 나를 평가하는 곳이기도 하다. 구성원 모두 자기의 능력을 펼친다. 일한 대가로 급여를 받는다. 각자 일하는 방식이 모두 다르지만, 최선을 다해 자신의 가치를 내세운다. 주위에 일 잘하는 사람을 보면 부럽다. 그 대상이 선배든, 동료든, 후배든 상관없다.

또한, 일을 잘하는 사람과 같이 일할 때 많이 배우고, 돌아보면 행복하다. 나도 일을 잘해서 누군가가 나와 같이 일하고 싶다면 기꺼이 함께 하고 싶다. 일에 있어 나도 이제 경력이 쌓여서일까? 일 잘하는 사람과 진정성을 가지고 공감하고 싶다.

"준비는 항상 철저히 해야 하고, 빈틈이 없어야 해!" 하고 평소에도 후배 사원들에게 잔소리하듯 말하던 품질관리팀 천규동 과장에게 생긴 에피소드다. 품질문제회의를 품질관리팀 주관으로 시행하고 있었다. 평소 이를 준비하던 유 주임이 코로나 확진으로 격리되어 갑자기 나오지 못하게 되었다. 할 수 없어 천 과장이 주관하던 상황이었다. 평소에 사용자 관점에서 참여했는데, 천 과장이 주관하면서 화면이 송출되지 않고 있었다.

"천 과장님, 화면이 나오지 않고 있습니다. 들리세요?"

강동구 대리가 흔히 문제가 되는 시스템 연결 확인을 요청하고 있다.

"알고 있어! 나도 아니까 조금만 기다려!"

천 과장이 조금 톤이 올라간 목소리로 말한다. 여러 팀의 많은 사람이 5분을 넘어가면서는 웅성거리기 시작한다.

"회의하는 겁니까? 안 하는 겁니까?"

"회의 준비를 어떻게 한 거야?"

다른 팀 사람들의 불만이 여기저기서 들리고 있다.

"과장님, 제가 그쪽으로 갈까요?"

휴대폰으로 강 대리가 천 과장에게 다급하게 묻고 있다. 하지만 자존심이 있어서인지 천 과장의 반응은 없었다. 15분이 한계였다. 15분이 지나면서 한두 사람이 퇴장했다. 그날의 품질문제회의는 취소되었다. 나중에 옆 부서에 있던 권연서 대리가 도착해서 연결했다. 송출 코드가 빠져 있었다.

도움을 요청하면 조금 늦어도 주변에서 해결이 되었을 텐데, 어려운 일도 아닌데 도움을 청하지 않는 것은 왜일까? 직장에서 하는 일은 다 달라도 마음속으로 누구나 인정받고 싶은 욕심이 있다. 더구나 자기가 하는 업무에서 능력을 인정받고 싶어 한다. 그러나 인정받고 싶어 최선을 다했으나 좋은 평가와 평판을 받지 못하는 사람도 있다.

반면 열심히 하지 않고 최선을 다하지 않는 사람도 있다. 자신의 가치에 관심이 없는 사람들은 태도의 문제로 차라리 고민하지도 않는다. 하지만 열심히 하고 최선을 다하는데도 능력을 인정을 받지 못하는 사람들은 관점과 잘하는 방법을 점검해봐야 하지 않을까?

회사는 냉정해서 일 잘하는 사람에게 일이 몰리고 양질의 일을 준다. 회사에서는 결과를 요구한다. 뛰어난 성과를 내는 사람은 일을 잘하는 것이다. 이런 성과를 내고 일을 잘하는 사람들에게는 특징이 있다.

첫째, 자신의 목표가 있다. 목표는 자기 일의 의미를 알게 해주고 '왜?' 일해야 하는지를 알려주는 고마운 존재다. 회사에서 쉬운 일이 어디 있을까 싶다. 누구나 어렵고 힘든 일을 겪는다. 이때 나아갈 동력을 받는 것은 목표가 있기 때문이다.

둘째, 우선순위로 일하는 요령을 안다. 누구에게나 주어진 시간은 같다. 어떻게 효율적으로 일하느냐가 잘하는 기준이다. 중요한 일을 하는 것도 맞다. 하지만 정확하게는 필요하지 않은, 지금 당장 하지 않아도 되는 일을 알고 하지 않아야 한다. 자신의 능력과 에너지를 쓸데없이 소모해서는 정작 중요한 일에 쓸 수 없다.

셋째, 내가 해야 한다는 주도적 마인드다. '내가 아니어도 된다는 생각' 자체가 위험하다. 일의 주체가 항상 나라는 마인드가 필요하다. 그래야 일을 나눌 수 있고, 완료할 수 있다. 내가 아니어도 된다면 내가 필요 없다는 뜻이다. 특히 문제가 발생했을 때 내가 나서지 않는다는 것은 책임도 없고 내가 할 일이 없다는 뜻이다.

넷째, 열린 소통이 가능해야 한다. 나는 개인적으로 소통을 일 잘하는 요소에서 가장 중요하게 본다. 모르고 궁금한 것은 물어서 정확히 알아야 한다. 묻지 못하고 소통이 되지 않으면 일에 필요한 정보, 노하우, 기술이 단절된다. 특히, 직장에서 일이 진행되는 보고와 관련해서 능력이 부족하면 일을 잘한다고 볼 수 없다. 회사는 빠른 판단을 통해 결정해야 하는데 이 중심에 보고가 있기 때문이다.

물론 회사에서 보고만이 정답은 아니다. 보고를 위한 보고를 하느라 시간과 에너지를 낭비해서는 안 된다. 하지만 정확한 보고를 할 수 있고, 상사의 빠른 결정이 이루어질 때 일의 진행이 있고 동기부여도 받는다. 나는 현재 보고를 작성하는 일보다 보고를 받는 위치에 있다. 나도 오랜 경험과 실험을 통해 습득했듯이 고객의 관점에서 정리하도록 알려주고 있다.

같은 직장생활 안에서도 무한 긍정을 가진 이들이 있다. 일이 몰리고 어려운 과제를 줘도 해야 하는 일로 도전해본다. 일이 몰리는 이유가 있다. 단순하다. 상사가 보았을 때 일을 잘하기 때문이다. 믿음이 있으므로 중요한 일을 주는 것이다. 내가 그런 위치에 있어 보니 믿음이 가는 친구에게 그 일을 줄 수밖에 없는 상황이 있다.

태도 또한 바르다. 일을 대하는 자세가 남다르다. 우리가 일을 잘한다고 생각하는 사람들 중에는 불만이 가득하고, 태도가 바르지 않은 사람은 없다. 일을 잘하는 사람처럼 같이 일하고 싶은 사람들을 관찰해보면 이런 공통점을 갖고 있다.

첫째, 플랜 B를 알고 준비한다. 우리가 이슈가 없거나 문제가 드러나지 않을 때는 문제라는 말을 잘 하지 않는다. 이때는 준비된 일상의 업무를 잘하면 된다. 하지만 돌발상황이나 예기치 않은 상황일 때 당황한다. 직원이나 리더나 마찬가지다. 이런 최악의 상황을 미리 준비하는 이들이 있다. 또 이 상황을 예측해서 시나리오를 준비해서 상황을 리드하는 사람도 있다. 최선이 아니더라도 플랜 B를 준비해서 이끈다. 일단 맞고 안 맞고를 떠나 우왕좌왕하는 어수선함이 없어진다. 언제나 위기일 때 리더가 나타난다.

둘째, 질문의 고수다. 질문을 통해 문제를 파악하고 해결한다. 사실 질문을 하는 게 별것 아닌 것 같지만 매우 중요하고, 잘 실행되지 않는다. 직장에서 답답할 때도 있다. 문제가 있으면 문제가 있다고 보고하고 도움을 요청하는 게 필요하다. 하지만 문제가 더 커져 감당하기 어려울 때 "어떻게 할까요?" 하고 물어보는 직원이 있다. 상사 위치에서는 결코 일을 잘한다고 말할 수 없는 사람이다. 과정에서 일을 공유하고 사전에 문제 해결책을 물어보는 이는 믿음이 간다.

셋째, 정리정돈의 고수다. 어딘가에 있고, 찾으면 나오는 보물들이 있다. 과거의 정답을 모아둔 자료, 데이터, 이력 등이다. 필요할 때 제때 찾아보고 판단하는 이가 있다. 일 처리가 빠르다고 느껴지는 인재들의 일하는 방식이다. 정리정돈을 잘해서 필요할 때 바로 답을 한다. 상사가 느끼기에 근거가 있고 이를 통해 해결할 수 있겠다는 믿음이 간다. 이런 반복적인 노력이 쌓일 때 진정한 경험이 된다. 내가 없는 무기인 '정리'의 고수를 또 찾게 되는 이유다.

넷째, 생각이 깊다. 행동은 빨라도 신중함과 배려를 알고 있다. 방법을 알고 있어도 타이밍과 설득의 공감이 바탕이 될 때 일은 쉽게 진행된다. 이 일로 혹시 고통받는 이는 없는지 세심한 배려를 아끼지 않는다. 일을 잘하는 인재의 차이는 문제 없이 문제를 푼다는 것이다. 문제를 해결하려다 혹여 더 문제를 키우는 이와는 차이가 있다.

내 주위에는 일 잘하는 사람이 많다. 자기 일을 사랑하고 가치를 인정받으려고 한다. 자부심이 있고 자존감이 있다. 무엇인가를 배우려면 최고에게 배우라는 말이 있다. 제대로, 빨리, 원하는 목표를 얻으라는 말이다. 직장에 몸담고 있다면 주위를 한번 둘러보라. 일 잘하는 사람은 분명 뛰어난 점과 차별화된 점이 있다. 무엇인가 한 가지 이상의 다른 면모가 있다.

나도 주위의 일 잘하는 이들을 좇아 한 일이 있다. 역시 일을 잘하고 상사가 찾게 만드는 이유가 있음을 알았다. 기술적 근거를 잘 아는 사람, 소통을 잘해서 조율과 협의를 이루어내는 사람, 보고가 유난히 잘 이루어지는 사람 등, 모든 것을 배우고 싶었다.

10여 년 전부터 나는 내가 하는 일의 품질을 높이고 싶었다. 나중에 선배가 되었을 때 가르칠 수 없고, 후배들도 나에게 배울 게 없다면 얼마나 서글플까 하는 생각이 머리를 스쳤다. 이후에 곰곰이 생각해서 최고에게 배우기로 했다. 그 스승은 바로 책이었다. 책에는 일 잘하는 도사들이 수없이 많았다. 이들의 책을 집중해서 읽었다. 특히 초기에는 소통과 보고에 관련된 책에 집중했다. 내가 보고하고 일했던 방식이 부끄러워졌다. '아! 이래서, 이렇게 하는구나!', '어! 이렇게 하면 보고가 한결 세련되겠다! 나는 왜 이제야 알았을까?' 하는 감탄의 연속이었다.

또한, 자기계발서를 읽으며 내 안의 열정이 꿈틀거렸다. 특히 시키는 일에만 익숙했던 나는 이걸 해야 하는지, 아니 우선 이걸 해도 되는지가 의문이었다.

"가만 있으면 중간은 간다. 남들 하는 것 보고 해! 여러 번 지적받으면 그때 해!"라는 그릇된 선배들의 몇 마디가 머릿속에 남아 있던 시기였다.

일을 잘한다는 것은 생각이 깊다는 것이다. 생각의 깊이 만큼 양질의 일을 결과물로 얻을 수 있다. 결국, 내 생각을 표현하고 이것을 실천할 때 일 잘하는 직원으로 남는다. 그래서 일 잘한다는 평판과 성과를 동시에 얻기 위해 노력하고 있다. 꾸준함이 이어질 때 바로 내 것이 된다.

직장에서 일을 잘하는 사람들에게도 이유가 있다. 다른 사람에게는 없는 차별화가 있다. 높은 성과를 내기 위한 다양한 일 잘하는 기술을 제대로 알고 있다. 여기에 자신의 열정이 더해질 때 '일 잘하는 사람'으로 성장한다. 처음부터 뛰어난 사람은 드물다. 일 잘하는 사람은 자신의 누적을 만들기 위해 초기 집중한 사람들이다. 우리에게 주어진 시간을 채우려 하지 말고 주어진 시간에 나의 무엇을 채울지 고민해보자. 내가 하고 있는 일이 새롭게 보일 것이다.

책이든, 선배든, 후배든, 친구든, 당신 주변의 최고는 누구인가?

소통 잘하는 직원이
먼저 승진되는 이유

　요즘은 마음을 터놓고 이야기하는 이가 있으면 행복하다고 한다. 먼 어른들의 이야기인 줄 알았는데 최근에는 나에게 해당하는 이야기다. 특히 코로나로 철저한 사회적 거리 두기가 시행되면서는 소통에 더욱 어려움이 있다. 직장에서는 선배 소리를 듣는 위치에 있다. 지천명을 넘으니 어울려 다니며 이야기하는 지인도 적어지고 있다. 코로나가 소통을 잠시 멀리하게끔 만든 상황도 있다. 퇴근 후 술 한잔을 하면서 쌓인 앙금을 풀면 한결 쉽다. 소통이란 것도 자주 만나고 이야기하면서 서로 알아가는 과정인 것이다. 이제는 코로나가 한바탕 휩쓸고 간 것 같으니, 다시 일상으로 돌아가면 소통을 만회해야겠다.

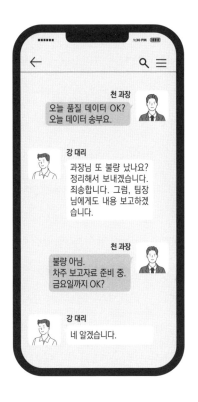

천 과장은 차주 데이터 정리인데, 강 대리가 왜 오버하나 생각한다. 차주에 있는 회의 자료 정리를 위해 요청한 사항이라 놀라지 말라는 내용을 강 대리에게 다시 보냈다. 강 대리는 처음에 천 과장의 카톡 메시지를 받고 불량이 났다고 생각한 것이다. '휴, 뭐야! 불량도 아니고 금요일까지 줘도 된다고? 괜히 일정 취소했네. 바로 전화로 물어볼 걸…' 하고 후회한다. 평소 품질부서 과장님과 친분이 없어 전화로 물어보지 않은 걸 강 대리는 후회하고 있다. 전화로 바로 소통했다면 내용을 바로 알 수 있었는데 괜히 혼자 상상하고 걱정하는 통에 어렵게 예약한 공연을 취소했다. 회사에서의 소통을 다시 생각하는 계기가 되었다.

카톡이 소통하기 쉬운 건 사실이다. 하지만 정확한 의사를 이해하지 못하는 면이 있다. 평소에 소통 관계가 있다면 바로 전화해서 궁금한 사항을 확인했을 것이다. 하지만, 쉽게 물어보지 못하는 관계도 있다.

직장에 신입사원이 들어오면 세세하게 많은 것들을 가르친다. 학생 신분일 때와는 다른 부분이 있다. 학생 때는 자신과의 싸움이었다. 친구와 같이 공부한다고 해도 자신의 공부를 하는 것이다. 일부 과제를 같이 할지는 모르나, 수능 역시 혼자의 성적으로 평가받는다.

그러나 직장에서의 일은 혼자서는 할 수 없다는 것을 반복해서 알려준다. 열정과 정열이 있는 신입사원 때는 하고자 하는 의욕이 앞선다. 자신이 가지고 있는 능력보다 열정이 넘쳐 무엇이든 시켜만 주면 잘할 것 같은 생각이 든다. 크게 성과를 내서 '나 여기 있소' 하고 큰소리치고 싶은 마음도 있다.

하지만 회사는 철저히 협업해야 하는 곳이다. 나에게 일을 가져다주는 팀이 있고, 또 내 업무를 받아서 하는 팀도 있다. 일도 같은 팀 동료 또는 다른 팀과 협업해서 일을 진행한다. 그래서 이를 조율하기 위해 그 많은 회의가 있는 것이다. 일을 하나 추진하려 해도 관련 부서의 동의, 협의를 통해 이루어진다. 그 세분화하는 경향은 점점 더 증가하는 추세다. 예전에는 대기업이라도 직원 수가 적어 소수의 인원이 연구, 제조, 영업에 관여해서 일했다.

실제 내가 신입사원 시절이던 20년 전에는 내가 다니던 직장도 '가족 같은 분위기'라는 느낌이 있었다. 지금은 업무가 세분되고 전문화되면서 과거와 비교하기 어렵다. 단, 이것은 일부의 경향이 아니라 사회의 흐름이다.

나도 신입사원이 입사하면 당부하는 게 있다. 모르면 꼭 물어보라고 한다. 헷갈리면 확인하고 추진해야 한다. 회사는 각 담당 직원이 일한 내용을 바탕으로 선택하고 결정한다. 혼자 임의로 추진한 내용에서 오류가 있다면 효율 저하로 나타난다. 실제 잘나가는 벤처 기업이 하루아침에 무너지는 데는 이유가 있다. 세세한 작은 관리의 문제가 성장의 발목을 잡는 경우다.

학교와 다르게 직장에서는 서로 협의하고 협업할 수 있는 자질을 갖추어야 한다. 신입사원이 당장 조율하고 결정하지는 않는다. 하지만 천성적으로 소통하지 못하는 부분이 보이면 곤란하다. 물론 실무 일을 잘해야 하는 것은 당연하다. 직장생활에서의 실력은 누적에 비례한다. 여기에 자신의 추가적인 노력과 하고자 하는 열정에 좌우된다.

소통은 관심이다. 소통이란 복잡한 문제에서 '의사나 의견'을 물어 판단하고 결정하는 것만이 아니다. 너무 소통을 강조한 나머지 대단한 것으로 생각할 필요는 없다. 먼저 그냥 사소하게 동료에게 관심을 두는 것부터 시작한다. 가령 내가 조퇴나 잠깐 자리를 비울 때 동료에게 어디 가는지, 언제 오는지 정도로 말해주는 것이다. 사소한 것 같지만 소통의 기본은 관심이기 때문이다.

옆 동료가 부재 시 또는 심하면 출근을 하지 않았는데도 모르는 경우가 있다. 물론 업무적으로 만날 일이 없어서 일에 영향을 받지 않는 상황이라면 문제는 없다. 하지만 같은 팀으로서 내부 소통이 안 되면 크게 성장할 수 없다.

직장에서는 리더의 역할을 맡으면서부터 다른 도전을 받는다. 대부분 회사라는 조직에서 리더는 보직을 맡게 되면서 시작된다. 회사마다 다르지만 대부분 파트장, 팀장, 부장, 실장 등을 맡으며 리더의 역할을 한다. 그전까지는 자기가 맡은 역할만 잘 수행하면 능력을 인정받는다. 그래서 실무자에서 지도자가 된다는 것은 실무 능력을 인정받았다는 의미로 볼 수 있다. 또 그 보직을 통해 해당 조직을 잘 이끌 때 더 큰 역할을 할 자격을 검증받는다.

하지만 여기서부터 다른 시험이 시작된다. 혼자가 아닌 여러 명과 함께 호흡하며 목표하는 성과를 내야 하는 선장과 같은 존재가 된다. 한마디로 혼자가 아닌 배의 선장이 된다. 여러 사람의 이견을 조율을 통해 합의를 이루어야 한다. 즉 앞으로 나아가야 한다. 좋든 싫든 직장이라는 조직은 혼자가 아닌 다수의 동료와 함께 간다. 목표로 하는 바를 함께 일해서 성과로서 검증받기 위해 달려가는 곳이다.

나는 직장에서 중간관리자 역할을 하고 있다. 목표 달성을 위한 성과도 내야 하고, 기술개발을 통한 미래도 준비해야 한다. 하지만 제일 신경 쓰이는 것이 소통이다. 어차피 성과든 기술개발이든 모든 것이 사람에 의해 만들어지기 때문이다. 내가 소통을 위해 몇 가지 노력하는 것들이 있다.

첫째, 일명 '스몰 토크'로 툭툭 던지기다. 그냥 잽을 날리듯 툭툭 던져

본다.

미혼인 직원에게는 "밥은 잘 먹고 다니니?", 코로나로 격리를 겪은 이에게는 "코로나, 그거 되게 아프다고 하던데, 지금은 괜찮아요?", 가족 우환이 있는 분에게는 "아버님 건강은 어떠세요? 차도가 있으세요?"라며 그냥 가벼운 토크로 시작해본다. 의외로 업무 이야기가 아니어서인지 친근감이 강화되어 소통이 원활하다.

둘째, 소원하거나 거리감이 있으면 도움을 요청한다. 한 번 문제가 있어 소원한 관계에 있거나 거리감이 있는 직원이 있으면 도움을 요청하는데, 물론 거절할 수 있다는 부담감이 있다. 하지만 요청했을 때 반전이 있다. 당사자가 수용하면 관계가 한 번에 풀린다. 또 내 요청을 거절하면 당사자도 미안한 마음이 있어 향후 소통이 조금은 가능해진다. 소통 관련 자기계발 책을 읽으며 알게 된 내용을 용기를 내어 실제로 적용해보니 소통하기가 훨씬 수월해졌다. 다만 주의할 사항은 진정성을 가져야 한다는 것, 그리고 타이밍이 좋아야 한다는 것이다. 나는 도움을 요청할 때는 직접 상황을 설명하고 대면접촉을 원칙으로 한다. 사내에 있으니 마음만 먹으면 접촉은 가능하다.

셋째, 주기적 면담과 아침 커피 마시기다. 즉, 일대일 소통이다. 주로 업무적 요인을 같이 물어보는 코칭을 곁들인다. 부정적으로 전달할 사항이 있으면 이 시간을 이용한다. 주로 질문해서 답을 유도하고, 내가 말하는 것보다는 더 많이 들으려고 한다. 나중에 피드백을 통해 미흡한 사항이 있으면 바로 푼다. 아침에 커피 마시기는 가벼운 업무적 일정을 확인할 때 하는데, 지금은 코로나 사회적 거리 두기로 불규칙하다. 안정화되면 다시 추진할 예정이다.

직장에서 리더에게 요구하는 능력이 있다. 뛰어난 실무를 겸비하는 것도 물론 중요하다. 성실한 태도 또한 중요하고, 성과로서 능력을 검증하는 것도 중요하다. 어느 것 하나 중요하지 않은 것이 없다. 하지만 특히 중요한 능력 중 하나가 조정과 조율 능력이다. 한마디로 소통할 줄 아는 인재를 말한다.

일은 혼자 하지 않고 협업해야 한다. 팀원이 되었든 다른 팀이 되었든 함께 일해야 한다. 자신이 실무적으로 잘했다 해도 지금은 공유와 설득을 통해 일을 완수해야 한다. 정확하고 제대로 된 업무 성과를 달성해야 한다. 소통하지 않고서는 논리적으로 지시를 할 수 없다. 또 평소에 인간적 소통 관계가 없다면 자율적인 진행을 기대하기 어렵고, 일방적 지시를 통한 일의 진행은 한계가 있다.

직장생활에서 일도 잘해야겠지만 무엇보다 중요한 것은 인간관계다. 일도 모두 사람이 하는 것이다. 실제 리더 역할을 하는 분들이라면 일을 시키는 것이 얼마나 어려운지 공감할 것이다. 소통이 어렵다고 해서 실망할 필요는 없다. 소통도 경험을 통해 능력을 향상할 수 있다. 내성적인 성격을 가진 분들이 "난 내성적이라 어려워"라고 말한다. 필요하다면 성격을 바꾸려고 노력하는 것도 도전이다. 안 해서 그렇지 해보면 소통의 묘미를 알게 된다. 어차피 다 사람 사는 세상이고, 진심은 통하기 때문이다.

소통은 참 어렵다. 나 자신도 이해하지 못하는 일이 있는데, 하물며 상대와 소통하기란 쉬운 것이 아니다. 직장의 일은 혼자 힘으로 할 때 비효율과 성능 저하가 발생한다. 기업은 성장으로 지탱되는 곳이다. 소통 능력을 요구하고 강조하는 이유다. 회사에서는 동등한 능력을 갖췄다면 소통을 잘하는 직원을 필요로 한다. 회사는 미래의 리더를 준비하기 위해 그런 직원에게 승진에 유리한 기회를 준다.

소통도 단계가 있고 경험이 쌓일 때 능력을 발휘할 수 있다. 승진을 하고 나서 소통의 능력을 키우는 것이 아니다. 내가 열린 마음의 소유자로 누구와도 소통할 수 있는 태도와 능력을 갖추어야 한다. 지금 바로, 주변을 돌아보자. 당신의 열린 마음을 기다리는 소통 상대가 분명 당신을 기다리고 있을 것이다.

일의 주인이
되라

코로나 시대를 겪은 지도 어느덧 2년이 넘어가고 있다. 어려움 속에서도 각자 잘 적응해가고 있다. 여러 가지가 변화했지만 지금은 조금 자연스러운 게 비대면접촉 활동이다. 회사에서도 정부 지침에 따라 비대면으로 업무를 수행하고 있다. 회의 시간은 가능하면 짧게 하고 인원도 축소해서 진행했다. 또 가능한 한 접촉을 줄이기 위해 비대면접촉을 유도하고 있다.

시행 초기에는 어려움이 많았으나 지금은 자연스러울 정도로 많이 적용하고 있는 시스템이 있다. 바로 화상회의다. 처음에는 화면을 보고 이야기하는 게 어색했지만, 지금은 자연스럽다. 시행하면서 느끼는 장점도 많다. 회의 참석을 위해 이동하고, 또 기다리는 시간이었던 그 시간에 지금은 다른 틈새 일을 하면서 효율이 상승했다. 누가 보든, 보지 않든 묵묵히 자기 일을 하는 사람들이 있다. 스스로 자기의 일을 책임지는 사람을 '주인'이라고 한다.

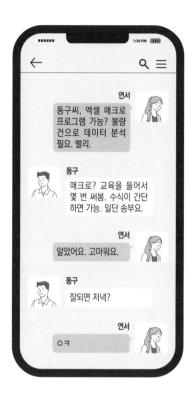

동구는 연서의 부탁을 받았다. 외주 부품 품질문제로 측정 데이터를 분석해야 하는 상황이다. 일전에 엑셀 교육을 받았고, 엑셀은 평소에도 자주 사용해서 자신은 있었지만, 매크로는 익숙하지 않아 조금 걱정이 앞섰다. 하지만 연서의 부탁을 거절하기 어렵고, 도와주려는 마음이 앞서 데이터를 달라고 했다.

하지만 데이터를 받고 동구의 안색이 좋지 않았다. 데이터 양이 많고 막상 분석하려니 헷갈리는 사항이 있다. 모르는 부분은 인터넷에서 찾아 프로그램을 완성하고 있다. 역시 무리였다. 교육도 받았으니 '찾아서 하면 되겠지' 하고 생각했다. 안다고 생각했는데 실제로 해보니 잘 안 되어 후회하고 있다.

동구가 걱정되는 것은 연서의 실망하는 모습이다. 결국, 동구는 후배 차 주임을 급하게 호출한다. 차 주임의 도움을 받아 매크로 분석을 해서 연서에게 보낸다. 동구는 "휴~" 하고 긴 한숨을 내뿜었다. 다행이었다. 평소에 아는 것과 실제 해보는 것은 매우 다르다는 것을 새삼 깨달은 하루였다.

강동구 대리의 사례는 우리가 살아가면서 흔하게 경험한다. 언젠가 본 것은 기억나고, 또 아는 것 같은데 실제 정확히 알지 못하면 실행하지 못한다. 어렴풋하고 어설프게 경험한 과거는 안다고 볼 수 없다. 하지만 문제는 우리가 정확히 모르면서도 안다고 여기는 것이다. 실제 필요한 것은 결과물이다. 필요한 곳에서의 결과물 말이다.

또 과거에 잘하던 것도 시간이 지나면 무뎌지게 마련이다. 필요한 결과물을 얻으려면 평소에도 자기 것으로 만들어야 한다. 자주 사용해보고 능력을 검증받아야 한다. 직장에서 요구되는 것도 결과물이다. 결과물은 곧 성과를 말한다. 그래서 직장에서 단순한 경험을 진짜 아는 것처럼 말하는 선배들이 있다. 그러나 정확히 알고 자신이 실행해서 자기 것으로 만들 때 성과를 만들 수 있다.

바로 '주인'의 모습이다. 굳이 아는 체할 필요 없다. 누구에게 잘 보이려고 할 필요도 없다. 자신에게 필요한 성과를 내서 자기 것으로 만들어야 한다. 일을 받고 지시가 있어야 움직이는 사람은 주인이 될 수 없다. 모르는 것도 아는 체를 해야 하는 자기 마음속의 불편함이 있다. 그런데 어쩌겠는가, 일의 주인이 아닌 것을!

잘 안다고 생각하는 것들도 실제 실행하지 못하는 이유는 어디에 있을까? 네 가지 유형으로 그 이유를 생각해볼 수 있다.

첫째, 제대로 알지 못하는 '속 빈 강정' 유형이다. 원리나 근거를 알지 못하고 몇 번 경험만 했을 뿐이다. 마치 학창시절에 수학 원리를 알고 풀어야 하는데, 대충 유형만 읽혔을 때와 비슷하다. 동일 문제가 나오면 풀 수 있겠지만, 다른 유형의 문제가 나오면 손도 대지 못하는 경우와 같다.

둘째, 아는 것을 실행하지 않는 '연습 부족형' 유형이다. 비슷한 유형으로는 '생각 따로 몸 따로' 유형이 있다. 직장에서 직무교육을 받아 이론적으로는 이해하지만, 실전 연습이 부족한 경우가 이에 해당한다. 아직 몸이 따라가지 못한다면 연습이 많이 부족한 상태다. 우리는 직장에서 당당히 성과를 내려는 사람들이다. 내 직장의 선배들은 "불량을 보면 몸이 먼저 말한다"라는 이야기를 한다. 그만큼 비정상적인 제품을 보면 순간적으로 반응한다는 이야기다.

셋째, 꼭 내 것으로 만들겠다는 주인의식이 없는 '의지박약' 유형이다. 나에게 필요한 것은 반드시 내 것으로 만들어 필요할 때 성과를 내겠다는 의지가 부족하다. 당장은 없어도 된다고 생각해서 미래를 보지 못하고 현실만 보기 때문이다. 안목을 키우고 당장 희생을 감수할 수 있는 의지를 다져야 한다. 하루아침에 저절로 이루어지는 것은 없다. 직장에서도 자신의 직무에 필요한 기술은 욕심을 가지고 습득해야 한다. 나는 기계를 다루는 일을 하면서 설계가 필요했다. '캐드'라고 하는 설계 프로그램인데, 그것을 잘하기 위해 업무 시간 이후에 큰 노력을 했다. 남들과 똑같은 시간을 투입해서는 내가 원하는 역량을 가질 수 없었기 때문이다. 이후에 업무가 몇 배로 향상되는 걸 느꼈다.

넷째, 할 수 있다는 자신감이 부족한 '심신미약' 유형이다. 조금 부족해도 할 수 있다는 자신감으로 적극적인 도전을 하면 된다. 모르는 것은 물어보면서 자신의 노하우를 찾다 보면 된다는 자신감을 느낀다. 이것만큼 큰 무기도 없다. 하지만 해보기도 전에 '잘 안 될 거야', '나는 잘 모르는데' 생각하면 앞으로 나아갈 수 없다. 이때는 '틀리면 어떡하지?' 보다는 '틀리면 다시 하면 되지!' 생각하며 도전하는 것, 그것만큼 좋은 동기부여가 없다.

앞서 네 유형은 직장에서 많이 볼 수 있는 모습이다. 주인의 모습은 아니다. 부끄럽지만 예전에 나도 이렇게 일의 주인이 되지 못했다. 꼭 시켜야만 움직였고, 걸핏하면 근거를 찾고 어떻게 하면 안 할까를 생각했다. 연봉과 복리후생 등 대우가 다른 회사보다 좋았는데도 일의 주인은 아니었다. 그 후 내가 일부 자율권을 가지며 스스로 일을 추진했고, 일에서의 보람을 느끼며 비로소 '일의 주인'이 되었다고 생각했다. 동기부여가 되어 일에 몰입된 상태였다.

주인이라고 하면 떠오르는 장면이 있다. 사극 드라마 같은 것을 보면 주인은 마루 대청에 서서 항상 지시하는 모습이다. 그리고 하인은 일일이 물어서 행동을 취한다. 또 유명한 영화 <쇼생크 탈출>에서 모건 프리먼이 가석방되어 슈퍼에서 일하는 장면이 떠오른다. 평생 교도소에서 지내면서 화장실에 갈 때 항상 허락을 받고 볼일을 보았다. 분명 자신의 몸이지만 자신이 주인처럼 행동하지 못했다.

여기에서 우리는 사소한 것이라도 자신이 선택과 결정을 하지 못하는 모습을 본다. 주인과 하인의 차이일 것이다. 직장의 일이라는 것도 마찬가지다. 내가 일의 주인이면 선택과 결정을 할 수 있어야 한다.

물론 직장에서 일의 추진은 보고를 승인받아야 집행할 수 있다. 그래서 내가 선택하고 결정할 일이 없다고 이야기하는 사람들이 있다. 최종 승인을 직급에 맞게 받아야 하는 것은 당연하다. 하지만 그것은 자신이 선택하고 검토해서 결정의 의견을 상사에게 주었을 뿐이다. 분명 보고 시에 타당한 근거를 통해 선택과 검증을 받아야 한다. 자신의 의견을 충분히 공유하고 결정을 요청해야 한다. 내가 선택하고 판단한 제품은 내가 책임진다는 것이다. 스스로 나의 업무를 책임지도록 성장할 수 있는 준비가 필요하다.

<뉴욕타임스>의 기자 출신으로 베스트셀러 작가인 찰스 두히그 (Charles Duhigg)는 《1등의 습관》에서 나약하기만 했던 해병대를 13주 만에 세계 최고 최정예 군인으로 바꾼 것은 꾸준한 동기부여를 공유하고, 할 수 있다는 독려를 통한 성장이었음을 말한다.

나는 분석형에 속한다. 돌진형처럼 먼저 추진하면서 수습하지는 않는다. 먼저 중요하게 생각하는 것이 '아는 그것의 정확성'이다. 내가 다 알지 못하는 문제도 해결해야 하는 일이 직장에서는 벌어진다. 매뉴얼이나 데이터 등 자료들을 항상 내 주변에 저장해둔다. 제대로 된 방법이나 프로세스를 이해하면 할 수 있다는 자신감이 생긴다. 여기에 실패의 과거가 있고, 주의해야 하는 사항을 알려준다. 충분히 동기부여되어 난

관을 헤쳐 나갈 수 있다.

이런 경험이 있을 것이다. 손님을 초대해서 대접하려고 요리를 해야 하는데 도대체 어떻게 해야 하나 막막할 때, 유튜브에서 자세히 설명하는 '레시피'를 만났다면 천군만마를 만난 것처럼 용기가 생긴다. 어떤 일에 정확한 설명서와 레시피를 가지고 있는 사람이 주변에 있다면, 그것은 보물을 간직하고 있는 것과 같다. 꼭 자신이 작성한 것만이 아니고 다른 사람의 자료도 필요에 따라 고급 정보가 되어 해결책을 선사한다.

지금 우리는 정보의 홍수 속에서 살고 있다. 몇 년 전까지는 모르면 이런 말을 했다.

"네 선생에게 물어보면 되지!"

바로 네이버에 검색해보면 몇 번의 클릭으로도 방대한 정보를 얻을 수 있다. 요즘 초등학생에게 물어보면 '네 선생'의 시대는 가고 '유 선생'의 시대라고 한다. 네이버가 2D라면 유튜브는 3D다. 동영상으로 궁금한 것들을 쉽게 배울 수 있다. 종류도 다양해서 사소한 모든 분야가 있다.

유튜브에서 정확하고 빠른 정보를 얻는다고 해도 간과해서는 안 되는 것이 있다. 그냥 보는 것으로 만족하고, 이것으로 습득을 대신해서는 안 된다는 것이다. 특히, 직장인들은 필요한 정보를 자신의 것으로 재정리해야 한다. 그리고 틈나면 기회를 봐서 직접 해보는 노력을 기울여야 하고, 그 해보려는 의지를 공유해야 한다. '다른 사람들이 알아서 능력을 키워주겠지' 생각해서는 자신이 바라는 목표를 얻을 수 없다.

책을 많이 읽어 해박한 것과 책을 써서 결과물을 내는 것은 다른 능력일 것이다. 직장에서는 정확히 제대로 아는 것은 기본이다. 마음만 앞서 아는 체한다고 달라지지 않는다. 자신의 역량을 펼쳐 결과물로 성과를 내는 실력이 필요하다. 공유와 협업으로 팀의 성과를 내지만, 또 개인의 역량을 높여 결과물을 만들 수 있어야 한다. 할 수 있는 능력을 겸비하는 것은 단기간에 가능하지 않다. 꾸준한 노력과 실행의 기회를 계속해서 찾아야 한다. 반복적 노력과 연습은 능력을 필요로 할 때 결정적역할을 한다. 한번 할 수 있는 용기가 자신의 인생을 바꿀 수 있다. 일의 주인만이 생각할 수 있는 행위다. 자신감은 계속된 자기만족을 통해 누적된다. 열심히 하는 당신이 진정한 일의 주인이다.

왜 직장에서
행복하지 않을까?

사람은 누구나 행복하길 바란다. 경제적 부나, 성공, 권력 위에 행복이 있다. 행복하기 위해 우리는 많은 것들을 노력해서 얻으려는 것이다. 행복의 기준은 사람마다 다 다르다. 돈이 많은 걸 행복하다고 생각하는 사람이 있고, 성공한 삶을 행복으로 여기는 사람도 있다. 그러나 누구나 간절히 원하던 것을 얻을 때 무엇보다 행복감을 느낀다.

학교를 졸업하고 사회에 진출하는 사회 새내기에게는 입사가 행복의 기준이 될 수 있다. 실제로 다들 채용 합격 통보를 받는 순간 정말 행복했다고 말한다. 이루 말할 수 없이 기쁘다. 간절히 원했던 만큼 회사에서도 계속된 행복을 누려야 한다. 그러나 간절함이 과해서였을까? 입사하고 1년 이내에 퇴사하는 직원이 발생한다. '이들의 어려움은 무엇일까?' 하고 생각해보곤 한다.

천 과장은 새벽부터 뒤척였다. 몸은 천근만근이지만 왠지 모를 불안감에 눈을 떴다. 오늘 오전에 있는 품질보고로 온 신경이 곤두서 있다. 어제도 보고서에 필요한 데이터를 준비하느라 밤늦게 퇴근했다.

"애들 목욕 좀 시켜줘요. 나 파김치가 될 것 같아!"

천 과장은 자신도 머리가 아프지만 먼저 말을 꺼낸 와이프 말에 대꾸하지 못했다. '그래, 내 집도 난리구나!' 하며 지친 몸을 움직였다. 그리고 거의 잠을 자지 못하고, 아침 출근길에 나섰다.

"밥은 안 먹고 가요?"

"응, 아침 생각이 전혀 없어. 그냥 갈게!"

현관을 나서는 천 과장의 어깨가 축 처져 있다.

"천 과장, 어제까지 다 끝내라고 했던 보고서 준비된 거야? 오후에 있는 고객 감사도 준비된 거지? 이번에 지적받으면 안 되는 거 알지?"

자리에 앉기도 전에 팀장의 독촉이 시작됐다. 오늘도 보고에 감사에 외근까지 하루가 정말 길게 느껴지고 있다.

'또 하루가 시작되는구나! 아! 이 끝없는 전쟁은 언제 끝날까?' 머릿속이 복잡하다. 차라리 오늘은 모든 걸 잊고 푹 쉬었으면 하는 바람이다. '행복은 바라지도 않는다. 직장에서 나같이 불행한 과장이 있을까?' 천 과장은 생각했다.

최근 몇 년간 지속된 코로나 환경은 직장에도 많은 영향을 미쳤다. 사회 경기가 위축되면서 인재 채용이 절벽에 가깝게 멈추었다. 중소기업은 물론이고 대기업도 인재 채용이 대폭 감소했다. 이런 어려운 환경을 극복하고 그래도 입사하는 직원들이 있다. 초기 신입사원은 무엇이든 할 것 같은 열정과 패기가 있다. 그냥 자신을 불러만 줘도 좋은지 "네, 알겠습니다. 시켜만 주십시오"라고 한다. 좌충우돌이지만 배우는 재미가 있고, 정체되었던 시기가 있어서인지 동작도 빠르고 민첩하다.

그런데 이렇게 어렵게 입사해도 퇴사하는 직원이 발생한다. 간절해서 입사했지만, 막상 자신이 생각하는 직장생활과 상당 부분 다름을 느낀다. 직장생활 경험은 없는데 간접적으로 본 것은 있다. 텔레비전에서 항상 깔끔한 책상에 미팅만 하는 직장생활에 익숙해져서일까? 현실과 차이가 있음을 알고 실망할 수도 있다.

신입사원을 지나 자신의 업무를 담당하면서부터는 일의 부담이 늘어난다. 일의 추진 과정에서 선택하고 결정해야 하는 일이 늘어나면서 마음이 무거워진다. 초기 배움과 열정에 한계를 느끼고 회의감마저 들게 한다. 이렇듯 직장인이 일터에서 행복하지 않은 이유는 여러 가지가 있다.

첫째, 대인관계 스트레스다. 많은 이들이 대인관계 스트레스로 인한 어려움을 호소한다. 모두가 마음이 맞으면 얼마나 좋겠는가? 하지만 직장은 애초부터 경쟁 사회다. 내가 항상 비교당하고 남들보다 더 많은 성과를 내서 인정을 받아야 하는 상황이다. 절대평가가 아니고 풍선과 같은 구조다. 내가 동료보다 상대 비교해서 경쟁력 있게 성과가 있어야 살아남는다. 살아남는다는 표현이 과할지 모르지만 현실이다. 당장은 모르지만 10년 후 두 동료 중의 한 사람이 살아남고, 한 사람은 마음을 비워야 하는 경우가 온다.

둘째, 업무 불만이다. 직장에서는 다양한 많은 일을 한다. 일해서 성과를 내야 내 일을 다한 것으로 생각한다. 보통 직장인들은 자신의 업무에 만족하지 못하는 경우가 많다. 자기가 좋아서 하는 일이 아니라 비용 절감이나 성과와 관련된 일을 하게 된다. 그러다 보니 다양한 불만이 있다. 자신에게 주어진 업무가 너무 작은 수준의 일이나 잡일이라고 생각하면 만족감을 느끼지 못한다. 반대로 앞서 사례처럼 과도한 많은 업무로 인해 부담을 호소하는 직원도 많다.

셋째, 동기부여가 되지 않는다. 힘들게 일하면서도 자신이 보람을 느끼지 못하면 좌절하게 된다. 몸은 회사에 있는 듯해도 마음은 엉뚱한 곳에 있다. 내가 이 일을 왜 해야 하는지 이유를 모르니 더 잘하려는 마음이 없다. 마지못해 지시받은 잡일을 하는 정도로 만족한다. 무엇을 하든 재미없게 느껴지며 스스로 개선하려는 의지가 없고, 결국 헤어나지 못한다.

이렇게 자신도 모르는 사이에 변하게 된다. 몸은 몸대로 변하고 성격도 변한다. 자신은 그 변화를 못 느끼다가 주변의 말에 인지하게 된다. 이때는 변화가 많이 진행된 후다. 구체적인 증상은 이렇다.

첫째, 목소리 톤이 높아진다. 누구와 대화를 해도 목소리의 톤이 올라간다. 그리고 말이 공격적으로 변한다. 피해의식이 있어서일까? 왜 해야 하는지 짜증부터 내는 목소리로 언성이 올라간다.

"김 대리, 아까 회의한 거 회의록 좀 정리해줄 수 있어?"

"아니요! 그걸 왜 제가 해야 되나요? 다른 사람 시키세요."

이렇게 다분히 공격적으로 대화하면 이야기하고픈 사람이 없어진다.

"아니요. 저, 바빠요. 왜 맨날 저만 시키세요?"

이런 말을 달고 살면서 주변에 있는 동료들을 상당히 불편하게 한다. 점점 변하는 자신을 스스로도 좋아하지 않는다.

둘째, 머리가 아프다. 뭔가에 맞은 것처럼 두통이 있다. 체한 듯해 약도 먹어보지만 별 효과가 없다. 병원에서 검사해도 뚜렷한 원인이 나오지 않는다. 원인은 따로 있기 때문이다. 스트레스성 두통이다. 과도한 업무 부담과 신경성으로 발생한다. 또한 성과나 상대와 비교당하는 상황에 놓이면 두통은 더욱 가중된다.

셋째, 출근하기 싫어진다. 직장인이 회사에서 업무를 수행할 때 가장 중요한 것이 자신의 위치를 찾는 것이다. 그런데 출근하기 싫어진다. 약간의 현실 도피를 하고 싶어지는 마음이다. 누군가와 껄끄러워지면 더욱 마주치기 싫다. 코로나로 재택근무가 한동안 활성화된 적이 있는데, 이때 MZ 세대를 중심으로 이런 근무 형태를 대환영했다. 다시 출근 근무가 많아지면서 상당히 아쉬워하는 직장인이 많다.

잠자는 시간을 빼고 하루 중 가장 오래 있는 곳이 직장이다. 많은 시간을 보내고 가족보다 같이 있는 시간이 더 많음에도 동료가 편하지 않다. 억지로 와 있다고 생각되는 순간 힘들어진다. 그렇다고 직장을 다니지 않을 수 있는가? 대안이 없다. 이런 상황인데 직장에서 행복한 사람이 있을까? 직장에서 이런 증상이 있는데 행복을 느낄 수 있을까?

나도 직장에서 오래 근무한 선배의 위치가 되었다. 10여 년 전에는 업무 부담이 많았다. 내가 가진 역량에 비해 감당해야 하는 부분이 많았나 보다. 나의 업무는 제조 담당이었다. 업무적으로 품질문제와 생산량 증가가 상당히 부담이었다. 지금 생각하면 문제에 기회가 있다는 생각을 하지 못했다. 내가 해결하지 못하는 역량 부족을 남 탓으로 돌렸다.

제대로 분석하고 대안을 수립해서 실천해볼 생각도 하지 못했다. 걱정만 하고 임시 대응으로 개선하다 보니 반복적으로 문제가 생겼다. 신경이 날카로워지니 식욕이 없었다. 혼자만 점심을 먹지 않는 경우가 증가했다. 직장생활에서 같이 식사하고 대화하는 것이 얼마나 중요한지도 인지하지 못했다. 내가 불편하다고 혼자만 식사하지 않으면 동료들이 더 불편해 했다. 마음 내키는 대로만 생활한 내 어리석음을 깨달았다.

업무적인 성숙으로 이 시기를 지나오기도 했지만, 극복하는 데 독서가 많은 도움이 됐다. 인문학보다는 자기계발 부분의 서적이 도움이 되었다. 일하는 방법이랄까? 이 부분이 많은 도움이 되었다. 문제를 풀어가는 방법을 읽을 때 머릿속이 하얘지는 느낌을 받았다. 원인을 먼저 확인하는 '왜?'를 생각하면서 내 업무가 성숙해졌다. 보고의 요령을 터득하면서 '설득의 묘미'를 알게 됐다. 내 기준이 아니고 상대의 기준을 보게 되었으며, 무엇이 핵심인지 나름 파악하게 됐다. 일련의 작은 변화가 나를 성숙하게 했다. 나만의 자신감이 붙으니 '직장의 행복'은 아니어도 희열을 느끼는 횟수가 증가되었다. 회사 가기 싫다는 생각이 없어졌다.

물론 나만의 소소한 변화가 직장생활을 바꾸었다. 나는 지금 행복하다. 아침에 출근할 수 있는 직장이 있어 좋다. 무엇보다도 마음가짐이 나를 바꾸었다. 직장에서 여러 증상과 즐겁지 않은 상황이 벌어지는 것은 자신과 맞지 않는 일을 하기 때문이다. 자신이 좋아하지 않는 일은 어렵고 즐거움이 없다. 그렇다고 직장에서 자신이 좋아하는 일만 할 수 있을까? 현실적으로 직원으로서는 어렵다. 전부는 아니더라도 자신이 주도하는 일을 만들어보자. 자신이 주도해서 성과를 내고 인정받을 때 자존감이 올라간다. 작은 변화가 나를 바꿀 수 있다.

먼저, 자기의 목표가 무엇인지 잊지 않아야 한다. 자기 목표가 있다면 힘들고 어려워도 헤쳐 나갈 수 있다. 그것이 나를 이끄는 방향성이다. 여기에서 동기부여를 받아 앞으로 나아간다. 목표가 없으면 나의 존재를 잊어버린다. 내가 왜 일해야 하는지? 무엇 때문에 일해야 하는지 목적이 없어진다. 이 부분을 계속 머릿속에 담아두어야 한다.

자기 자신을 찾아보자. 자신이 무엇을 잘하고 좋아하는지 알아야 한다. 나 같은 경우는 책에서 많은 답을 찾았다. 어떻게 보면 책에서 답을 찾았다기보다 책을 읽을 시간을 가지려고 노력하면서 내가 변했다고 여겨진다. 책 읽는 시간을 가지려고 하다 보니 시간의 소중함을 알게 됐다. 평소에는 허투루 보내는 시간이 많았다. 이제는 내가 무엇인가를 하기 위해서 시간을 버는 일에 즐거움을 느낀다. 직장에서도 책에서 깨달은 원리를 시행해볼 때 재미가 있다.

일하는 직장에서 행복을 찾는 건 애초에 무리일까? 자신의 꿈이 있고, 목표가 있는 곳에 행복이 있다. 행복하지 않다고 생각하기 전에 내가 무엇을 해야 하는지 정해보자. 나의 목표가 없다면 행복해질 수 없다. 목표를 향해 자신이 운전하듯 주도해보자. 옆에서 보는 불안감이 아니라 운전하며 즐거움을 느껴보자. 내가 리드하고 내가 정하는 곳으로

갈 때 자존감이 높아진다. 높아진 자존감은 내가 더 성숙하고 있다는 방증이다. 행복은 자신만이 느끼는 감정이다. 다른 사람이 행복해 보인다고 해도 자신이 즐겁지 않으면 행복하지 않다. 나에게서 행복을 찾아야 한다. 오늘은 행복하다고 말해보길 바란다. 직장에서 행복하지 않은 이유는 나에게서 먼저 찾아야 한다.

MZ 세대를
가르치려고 하지 마라

누군가를 가르쳐본 적이 있는가? 학생을 가르치는 선생님들은 가르치는 것을 직업으로 가진 분들이다. 일반인이 다른 사람 앞에서 가르치는 기회는 많지 않다. 그렇기에 일반인이 다른 사람을 가르치는 것은 어렵게 느껴진다. 자기계발의 마지막이 교육이다. 자기계발의 단계는 처음 책을 통해 자신의 지식을 쌓는 것이다. 다음은 경험과 지식을 바탕으로 책을 저술해서 세상의 인정을 받는 것이다. 마지막은 지식을 가지고 강의를 하는 것이다. 이 단계에서는 저술한 자신의 노하우와 지식을 바탕으로 실전에 적용해본다. 바로 자기 콘텐츠를 가지고 강연하는 것이다. 누군가를 가르친다는 것은 매력적이다. 그리고 자신이 더 배우는 계기가 된다. 그런데 요즘은 가르치기보다 공감을 해야 통하는 친구들이 있다.

오랜만에 동구와 연서가 커피를 마시며 편안한 대화를 하고 있다.
동구 : 우리도 MZ 세대지만 같은 생각은 아닌가 봐.

연서 : 왜? 어떻게 다른데?

동구 : 내 친구 회사에 신입이 들어왔는데, 같이 일하기 싫다고 하소연해!

연서 : 그 신입이? 무슨 일이 있었길래?

동구 : 아니 내 친구가! 같은 세대지만, 신입하고 일하기 힘들다고 하더라고!

　동구의 말에 의하면 이렇다. 신입으로 들어와 처음에는 할 수 있는 게 없어 단순 데이터나 문서 정리들을 시켰다. 그러자 신입은 "내가 이 일을 하려고 회사에 들어왔습니까?" 하고 불만을 이야기하고, 이것도 모자라 인사팀에 뒤로 불만을 이야기하는 통에 수습이 안 되고 있다는 것이다. 자신의 커리어에 도움이 되지 않는다고 공통업무 등은 배제해달라고 요청하고, 툭하면 선배들이 가르쳐주지 않는다고 인사팀에 불만을 이야기하면서 팀 전체가 신입을 모시고 있는 형편이다 보니 싫어졌다고 한다. 예전 같으면 상상하기 어려운 상황이지만, 예전과 비교하는 것은 맞지 않는다. 다만 지금의 상황에 잘 적응해야 한다.

　요즘은 직장에서 신입사원을 보기 힘들다. 경기가 위축되면서 기업들이 투자를 축소하는 경향이 있다. 특히 몇 년간 코로나라는 예상하지 못한 상황이 더해졌다. 그래도 필요한 인원은 수급하는데, 그 형태가 달라지고 있다. 대규모 공채 위주에서 수시 모집으로 변경되었다. 꼭 필요한 인원 위주로 채용하면서 바로 역량을 펼칠 수 있는 실무를 겸비한 경력사원을 선호한다. 신입사원이 적은 이유기도 하다. 사회에 첫발을 내딛기가 쉽지 않은 사회 분위기다. 지금 세대를 MZ 세대(밀레니얼 세대와 Z세대를 합쳐 부르는 말로 1980년 초부터 2000년 사이에 태어난 2030 세대를 지칭한다)라고 하는데, 요즘 입사를 준비하는 이들은 MZ 세대의 끝 무렵에 태어난 이들이다. 이들의 문화와 생각이 이전 세대와 차이가 있어 직장에서는 구분되고 있다.

지금 직장에는 다양한 세대가 같이 근무하고 있다. 퇴직 이후를 준비해야 하는 베이비붐 세대부터 X 세대, Y 세대, 그리고 MZ 세대까지 다양하다. 하지만 알게 모르게 세대 간의 갈등이 있다.

기성세대는 "나 때는 말이야" 하고 말하고 싶다. 기성세대의 눈에는 MZ 세대가 열정과 노력이 부족해 보이기 때문이다. 또 집합 문화에 익숙하지 않아 개인주의 성향이 있다. 자칫 바르지 않은 태도로 오해하기도 한다. 그렇다고 마냥 가르치기에는 지나친 간섭으로 받아들일까 걱정이다. 지금도 세대 차이가 있는데 더 멀어지는 상황을 원치 않기 때문이다.

기성세대에게는 쌓인 스트레스를 푸는 방법이 있었다. 바로 회식 문화다. 지금이야 SNS 및 여러 여가 활동이 있어 가장 기호에 맞는 방법으로 스트레스를 해소한다. 회식이 잦았던 세대에서는 먹고, 마시고, 어울리는 사이 각자의 속마음을 터놓는 기회도 있었다. 그렇게 해서 자연스럽게 회사에서 쌓인 앙금이 해소되곤 했다.

그러나 MZ 세대는 회식의 의미를 다르게 받아들인다. 1차에서 저녁을 먹고, 프렌차이즈 카페에서 아메리카노를 마시는 것으로 끝내기를 원한다. 노래방이나 2차, 3차로 이어지는 음주 문화를 원치 않는 분위기다. 실제 내 주변도 늦게까지 어울리며 마시는 분위기가 바뀌었다. 한번은 일이 늦게 끝나 저녁 시간을 넘긴 일이 있었다. 저녁이라도 같이 먹어야겠다는 생각이 들었다.

"저녁을 놓쳐서 어떻게 해, 간단하게 저녁 먹고 갈까?"

MZ 세대 3명에게 물었는데, 사실 모두 좋아하는 분위기가 아니었다. 미혼인 사람도 있어 어차피 사서 먹어야 하는 상황이었다. 한 명은 유보 의견이고, 한 사람은 결정되면 따르겠다고 했다. 결국, 한 명의 의견에 따라 결정되었다. 그는 피자 아니면 안 가겠다고 해서 피자를 먹었다. 문제는 내가 근무하는 곳은 평택의 외곽이어서 근처에 유명 피자집이 없다. 이동하는 데 시간이 오래 걸렸지만, 피자집을 찾아 긴 시간 동안 즐거운 식사를 했다.

내가 오랜 직장생활에서 회식을 했지만, 피자를 먹었던 것은 처음이었다. 내가 특별히 피자를 싫어할 것 같아 어렵게 의견을 냈다고 한다. 사실 나도 피자를 좋아하고 먹고 싶다고 하자 이들과 한결 친해지는 계기가 되었다. 피자를 먹은 그 자체보다 그들의 의견을 들어주고 그 과정에서 다양한 이야기를 하며 통하는 과정이 좋았다.

MZ 세대들도 마음속에서는 기성세대와 친해지길 원했다. 다만, 어려움을 토로했다. 자신들이 자라온 배경과 상이해서 서로 이해가 필요하다고 말한다. 이들은 수능으로 대변되는 입시 학원문화를 겪었고, 학교 중심에서 학원 중심으로 변해서 개별 학습이 자연스럽게 몸에 뱄다. 집단보다는 개인의 스케줄을 더 중요시하며 자라났다. 또 태어나면서부터 자연스럽게 발전한 IT 문화의 선수들이다. 대면 대화보다는 SNS를 통한 소통이 너무도 자연스럽다. 기성세대가 시대의 흐름에 맞추기 위해 배워서 하는 것과는 확연한 차이가 있다.

우선 MZ 세대를 바라보는 차이를 줄이고 다름을 인정할 때 그들에 대한 이해가 쉽다. 직장에서 MZ 세대와 같이 일하며 성과를 내야 하는 위치에 있는 내 나름대로 MZ 세대와 공존하기 위해 하는 노력 네 가지를 소개하고 싶다.

첫째, 일방적 지시 방식의 소통을 피한다. MZ 세대에 대한 오해 중 하나가 그들이 '소통하기 싫어한다'라는 것이다. 특히, 수직적 조직 문화에 익숙하지 않기 때문에 상사와 소통에 어려움이 있을까 걱정한다. 하지만 MZ 세대도 상사와 소통을 원한다. 다만 일방적으로 자리로 불러 어떻게 해야 하는지 지시하는, 일방적인 지시를 싫어한다. 사전에 일정을 공유하고 이에 대한 피드백을 받기를 원하는 경향이 있다.

둘째, 업무 시간을 준수해서 사생활을 존중해주길 바란다. 기성세대에게는 익숙한지 모르겠다. 퇴근 이후도 업무로 인해 비상 대기하고, 진행 상황을 보고한다. 그러나 MZ 세대는 사생활을 중요시한다. 퇴근 이후의 회사 관련한 업무 연장을 원치 않는다. 일과 사생활의 확실한 구분을 중요시한다.

셋째, 자신의 가치 평가를 공정하게 받길 원한다. MZ 세대는 자신이 하는 일이 사회적으로 가치가 있길 바란다. 개인에게도 의미가 있는 일이길 원한다. 또 공정한 보상을 중요하게 생각한다. 자라면서 기성세대에게 많은 혜택을 빼앗겼다고 생각하는 걸까? 그리고 금융위기를 겪으며 사회가 나를 지켜주지 않는다는 생각이 강한 것 같다. 확실히 내가 입사해서 상사가 시키면 먼저 해보고, 잘하겠다고 말하던 시기와는 다르다.

넷째, 한마디로 '워라밸(워크 라이프 밸런스를 줄여 이르는 말로, 일과 개인의 삶 사이의 균형을 이르는 말이다)'을 중시한다. 개인의 행복을 우선하는 가족 중심의 사고를 한다. 나와 회사를 분리해서 생각하는 경향이 있고, 회사의 이익보다 개인의 행복과 사생활을 더 중요하게 여긴다. MZ 세대에게는 회사는 같이 성장해가는 파트너지, 자신을 희생해서까지 함께해야 하는 대상은 아니라고 생각한다. 그래서일까? 인턴사원들과 이야기해보면 연봉보다 자유로운 휴가를 사용할 수 있는지, 정시 퇴근이 가능한 문화인지를 우선 고려한다는 친구도 있었다. 듣고 있으면서 나는 한편으로는 이해하려고 노력했지만, 마음속으로 공감되지는 않았다. '나도 별수 없는 기성세대구나' 하는 생각을 했다.

일전에 술 한잔을 하며, 은행 인사팀에서 근무하는 지인에게 들은 이야기다. '코로나 대응 관련 보고서'를 준비하라고 MZ 세대 팀원에게 지시한 모양이다. 내일 임원들이 확정해야 해서 퇴근 전 자기에게 보고하라고 했다.

지인 : B 주임, 코로나 환경에서 역량 향상 방안 보고서 어떻게 되고 있어요?
B 주임 : 네 팀장님, 지시하신 대로 준비하고 있습니다. 바로 메일로 송부해드리겠습니다.
지인 : 그래, 알았어요. 수고했어요.

내용을 보고 지인은 오싹했다고 한다. 검토할 내용이 없었기 때문이다. 제목만 있고, 사진 몇 장이 전부였다. 그래서 보완해야 할 사항 몇 가지를 추가 지시했다고 한다. 조용한 게 기분이 이상해 혹시나 해서 찾아보니 정시에 퇴근하고 없었다. 자료를 찾을 생각으로 전화했더니 전원을 꺼놓고 연락이 두절되었다. 그때를 생각하면 이해하기 어렵고, 어떻게 접근해야 할지 갑갑하다고 했다.

혹시 그 친구에게 그럴 만한 사정이 있었는지는 알 수 없다. 책임감과 업무를 대하는 자세에 분명 문제가 있다. 다만, 이런 상황은 누구에게도 도움이 되지 않는다고 생각이 든다. 서로 개선을 위해 노력해야 하지 않을까?

직장은 혼자 일하는 곳이 아니다. 각자 생각하는 꿈이 다를지라도 같은 공동의 목표를 위해 업무를 한다. 지금의 발전은 과거 경험의 토대 위에 새롭게 도전할 때 시너지 효과가 있다. 서로 다른 과정을 거쳤더라도 지금은 서로 이해하고 공감해야 한다.

공감하는 과정에서 역시 필요한 사항이 일단 만나는 것이다. 업무적 만남 외에 일상의 대화가 공감을 얻는다. 서로 공감대가 없고 거리감이 있다고 대화를 하지 않으면 더욱 이견이 발생한다. 고전에 '경청'이라는 진리가 있다. 역시 MZ 세대에게도 들어주는 것만으로 공감은 반은 성공이다.

꼭 MZ 세대에게만 해당하는 것은 아니다. 소원한 관계에 있는 동료가 있다면 먼저 말해보자. 대화하는 것이 처음이 어렵지 막상 시작되면 끝이 없고 어디로 가는지 모른다. 시작을 여는 이가 주도하고 리딩하는 것이다. 어렵게 생각할 것 없다. 주위의 동료에게 언제든 차를 마시자는 제안을 해보자. 공감의 시작이다.

　MZ 세대는 이제 시작하는 단계다. 시작은 언제나 떨림과 두려움이 따른다. MZ 세대에게는 공정한 도전과 기회를 주어야 한다. 과거처럼, 나처럼 하길 바라서는 그들을 보듬어줄 수 없다. 언젠가 그들도 다음 세대에게 할 말이 있을 것이다. 지금은 기성세대와 MZ 세대가 서로 이해하고 공감하는 노력이 필요하다. 과거의 잣대로 지금을 보는 것은 무리다. 30년 전의 선배들도 똑같이 말했다. MZ 세대의 다름을 인정하고, 조금 미숙해도 스스로 헤쳐 나올 때까지 기성세대는 기다리면 된다. 서툴다고 가르치려고 하기보다는 공감하는 마음으로 다가가보자. MZ 세대도 우리를 기다리고 있다.

문제의 원인을
동료에게 돌리지 마라

내 앞으로 교통위반 범칙금 통지서가 송부되었는데, 언성이 높아진 일이 있었다. 위반 차량은 분명 내 차였다. 순간 당황했지만, 여유가 생겼다. 위반 장소가 서울 성북구로 되어 있는데, 그날은 평일로 내가 회사에서 근무한 날이었다. 위반 차량의 번호판이 선명하지 않은 게 어딘가 착오가 있어 평택으로 이관된 것 같았다. 평소에도 주차 및 과속 위반 등으로 자주 세금을 내곤 했다. 증거가 명확한 사항으로 모두 내 탓이었다. 누구에게 원인을 물을 필요도 없었다. 하지만 이번에는 나라에서도 이런 착오가 있나 의문이 들었다. 경찰서 교통과에 전화해서 바로 오류를 정정했다. 이번엔 내 탓이 아니어서일까? 이런 문제의 원인이 무엇인지 물을 때 왠지 모르게 내 목소리가 커졌다. 평소의 내 잘못을 보상받기라도 하는 듯 말이다.

벤치에 앉은 동구는 말이 없었다. 평소와 다르게 생각이 깊은 것처럼 보였다. 연서가 풀어보려 애를 쓰고 있다.

"동구씨 많이 혼났나 보네! 이번 감사 매우 까다로웠다며."

"응! 이번 감사자는 융통성이 없더라고. 전혀 대화가 안 돼. 설명해도 받아들여지지 않아."

"그런 타입이 제일 힘들지! 제대로 걸렸나 보네."

"그런 분은 처음이었어! 그런데 팀장님에게 너무 미안한 거야."

"많이 혼나서 야속한 게 아니고?"

"아니야 정반대야. 팀장님이 전무님에게 그렇게 혼나시고도 우리에게 수고했다고 하셔서…."

"그래, 역시 최명호 팀장님이셔! 자기처럼 감사자 탓도 안 하고 말이야!"

"뭐야!"

동구는 고객 감사에서 5건이나 지적받아 매우 심란해 있다. 더구나 결과가 좋지 않아 최명호 팀장이 많이 꾸중 들은 걸 알고 있다. 자기가 잘못한 것을 팀장이 감싸줘서 몸 둘 바를 모르고 있다. 자기는 감사자 탓을 하며 풀기라도 하는데, 최명호 팀장의 인품에 매료되었다. '앞으로 나의 롤모델은 최명호 팀장님이야. 명심하자 강동구!' 동구는 속으로 다짐했다.

결과가 좋으면 과정이 묻히는 경향이 있다. 절차와 과정이 조금 미흡하거나 올바르지 않아도 결과가 좋으면 너그러운 마음으로 양해를 얻는다. 서로 자기의 공이 더 크다고 목소리를 높이는 일이 있다. 그래도 자기에게 큰 해가 없으니 각자 자기 자랑 정도로 생각한다. 좋은 게 좋은 거라는 인식도 있다. 이때는 그나마 각자의 태도가 크게 문제로 나타나지 않는다.

하지만 결과가 좋지 않은 때는 문제가 크게 부각된다. 누구 때문에 문제가 발생했다느니 하며 말이다. 굳이 말하지 않아도 되는 문제의 원인을 밝히려 든다. 차후 예방을 위한 반성 차원에서 원인을 알려고 한다면 다행이다. 그러나 대부분 책임을 묻기 위해 원인을 알려고 한다.

바로 갈등의 시작이다. 사례의 최명호 팀장과 같이 팀 내의 문제를 모두 자신의 책임으로 여기는 분들이 있다. 원인을 정확히 알고 잘 가르치는 것을 떠나 리더의 자세가 보인다. 반대로 원인을 다른 사람에게서 찾으려는 사람이 있다. 조직 생활을 하는 직장에서 가장 좋지 않은 행위다. 알면서도 고치기 어려운 행위다. 순간을 모면하려는 습관이 몸에 배었기 때문이다. 이렇듯 동료에게 원인을 미루게 되면 발생하는 부작용을 생각해보았다.

첫째, 리더로서 리딩할 수 없다. 직장의 일은 협업을 통해 이루어진다. 리더의 역할을 하는 사람에게 리딩할 수 있는 지도력은 필수다. 자기를 따르지 않는 팀원이 있을 때 리더로서 가장 힘들다. 원인을 정확히 밝히는 것은 당연하지만 문제의 원인을 다른 사람에게 전가하는 것은 위험한 행위다.

둘째, 되로 주고 말로 받는다. 다른 사람 탓하는 습관은 언젠가 자신에게 되돌아온다. 자신의 평판을 갉아먹는 좋지 않은 습관이다. 실제 타인의 잘못이 명백하다 해도 자꾸 들춰낼 필요는 없다. 잘잘못은 절차대로 또는 공식적으로 꾸짖는 게 좋다. 개인적으로 처리하는 것은 오해를 불러온다. 내가 지키려 노력하는 것은 칭찬이나 좋은 일은 공개적으로 하지만, 실수나 꾸중은 따로 불러 일대일로 알려주는 것이다.

나 또한 한동안 동료들을 탓한 시절이 있었다. 실무 업무를 할 때의 일이다. 제조설비를 담당하고 있었는데, 제일 어려운 사항이 간혹 발생하는 품질문제였다. 대부분의 제조 공정에서 제일 중요한 관리 포인트가 품질이다. 하지만 미흡해서 품질문제가 발생하면 원인을 조사해서 재발방지 대책을 수립하는 게 내 일이었다.

하지만 내 능력과 역량이 부족했다. 정확한 원인을 밝히지 못하고 임시로 교육하고 추가 검사하는 것으로 대응했다. 근본적이고 시스템적인 대책이 아닌 관계로 관리가 조금만 벗어나면 재발했다. 문제는 원인을 조사해서 다시 대책을 수립해야 하는데 동료들을 탓하고 말았다.

"아니, 지난번에 교육했잖아요. 교안도 만들어서 드렸는데, 또 이렇게 하시면 어떻게 합니까?"

그때 당시는 잘 몰랐다. 한참 지나고 나서 나의 행동이 몹시 부끄러워졌다. 이후 경험이 생기고 '문제의 원인'을 먼저 확인하면서 성숙해졌다. 이런 나의 잘못과 부족한 역량을 반성했기에 지금의 내가 있는지도 모른다. 지금은 원인을 먼저 찾는 게 습관이 됐다. 후배들이 문제에 대해 현상과 조치를 말할 때 나는 원인을 먼저 묻는다.

우리는 일하면서 결과를 얻기 위해 큰 노력을 한다. 일을 하고서 결과물이 없다면 제대로 일했다고 볼 수 없다. 결과를 얻기 위해 치열하게 부딪치는 것은 중요하다. 하지만 결과만을 먼저 생각하면 과정을 소홀히 한다. 과정에서 중요 요인 중 하나인 '원인'을 놓쳐서는 안 된다.

원인을 정확히 모르고 충실한 과정을 거칠 수 없다. 원하는 결과물을 제대로 얻지 못하는 이유는 문제의 원인을 정확히 제거하지 못했기 때문이다. 다른 요인으로 결과가 좋을지라도 그것은 일시적으로 얻은 결과다. 이것도 일의 습관이다. 원인을 알면 바로 원인을 공유하고 리딩할 수 있다. 하지만 원인을 알기가 쉽지 않다. 문제를 볼 때 원인을 먼저 보는 습관과 논리 구조를 계속해서 습득해야 가능하다.

직장에서 어떤 문제가 발생하면 수습하는 과정을 거친다. 동료를 탓하는 사람들도 마음은 편하지 않다. 그런데도 반복적으로 동료를 탓하는 이유가 있다.

첫째, 자신의 실력이 부족하기 때문이다. 문제의 원인을 모르기 때문에 답을 찾을 수 없다. 어떻게 해야 하는지도 모르고 마음만 다급한 상태다. 문제를 정의하고 실행하고 결과를 얻어 평가하는 시스템을 모르기 때문이다. 자신의 실력이 없는 상태에서 결과물을 내야 하다 보니 나타나는 현상이다. 앞의 내 사례처럼 자신이 해결할 수 있는 수준을 넘어서면 책임을 전가한다. 우선 자신의 실력을 향상해보자.

둘째, 태도를 되돌아보는 노력이 부족하다. 실력이 부족하면 태도라도 긍정적으로 갖추어야 한다. 평소 다른 사람에게 원인을 돌리는 습관이 있다는 것을 자신도 모르는 상태다. 이렇게 행동하는 것을 거리낌 없이 생각하는 사람이 있다. 스스로 창피한 줄 알고 깨우쳐야 한다. 동료에게 피드백을 받을 수 있으면 다행이다. 내가 이런 행동을 하는지 확인해보자. 부정적 태도로 인한 문제는 반드시 자기에게 돌아온다. 상대 없이 제삼자에게 전달하는 부정적 언행은 또 자신에게 돌아온다. 오히려 더 배가 되어 자신에게 돌아온다. "너만 알고 있어!"로 시작하는 말은 절대 비밀이 없다. 상대가 들으면 나쁜 소식은 오히려 직접 전달해야 오해가 생기지 않는다.

셋째, 책임을 지지 않으려는 회피다. 결과의 잘못만을 생각해서 책임을 피하자는 생각이다. 책임을 지지 않는다는 생각은 나의 권한을 내려놓는 것이다. 자기 자신의 위치와 힘을 부정적으로 보는 시각이다. '꾸중을 들으면서도 칭찬받는 사람'이 있다. 바로 위기에서 기회를 얻어 치고 나가는 사람들이다. 문제는 과거에 발생했다. 현재는 문제를 수습하는 일이다. 미래를 내다보고 보완해야 한다. 문제를 자신의 것으로 볼 때 자신의 위치를 확장할 기회를 얻는다. 크게 보는 습관을 들이면 책임을 통해 자신의 위치를 확장한다.

10년 전쯤에 나는 작은 오피스텔을 샀다. 그때는 여유 자금이 조금 있어 순전히 투자 목적으로 샀다. 부동산 투자 이런 부분에 대해 잘 모르는 상태에서 샀다. 수익률이 높다고 해서 계획했지만 완공되어 실제로 보니 평수가 너무 작아 실망했다. 또 그 이후에 분양가보다 낮아져 수익률이 생각했던 것보다 적었다. 이로 인해 신경 쓰이는 부분이 많았다. 허상만 보았는데 저절로 월세가 나오는 것으로 알았다. 공실이 될까 신경 쓰이고, 이것저것 고장이 났다고 수리를 요구하는 사항도 많았다. 이래저래 손해를 보고 처분하려 내놓아도 코로나 여파로 거래 자체가 없었다.

결과가 이렇다 보니 간혹 아내에게 "진작에 팔지!" 하고 싫은 소리를 하곤 했다. 항상 내 의견을 물어보고 진행하는 아내에게 무슨 잘못이 있겠는가. 그래도 일이 잘되지 않으니 나에게 하는 말을 아내에게 하며 탓하곤 했다. 지금도 처분은 하지 못했지만, 아내에게 문제를 탓하진 않는다. 문제를 나로 바꾸고 보니 마음이 차분해졌다. 최근 읽은 인문학 서적이 많은 도움을 주었다. 특히 고전을 읽으며 다른 사람을 원망하는 부분이 나아졌다. 모든 게 내 탓이다. 오히려 냉정하고 차분하게 생각하는 아내에게 미안한 마음이 든다.

"팀장님, 죄송합니다. 믿고 맡겨주셨는데, 이번에 부족한 부분이 있었습니다. 다음에는 이런 일이 없도록 더욱 세심하게 점검하겠습니다."

동구가 팀장에게 진심 어린 감사를 표하고 있다. 직접 말로 진심을 전달하는 게 낫다는 생각에서 용기를 냈다.

"이번에 많이 배웠으면 됐지, 뭐! 이것도 경험이에요. 잘 습득하면 되는 거야."

"네 알겠습니다, 팀장님!"

자기도 모르게 감사자를 탓했던 자신과는 사뭇 다른 최 팀장의 모습에서 동구는 미래의 자기 모습을 그려보았다.

직장 내 고쳐야 할 문제 유형을 설문 조사하면 책임 전가 부분이 상위에 매겨진다. 동료의 문제로 보는 시각은 자신을 오히려 축소하는 행위다. 문제의 원인을 정확히 모르니 재발한다. 원인을 정확히 짚는 것은 실력과 능력을 검증하는 첫 단계다. 동료의 부정적 이야기는 직접 자신이 전달해야 오해가 없고 조언이 될 수 있다. 직장이라는 곳은 의외로 좁다. 자신에게서 문제의 시작을 찾아보라. 원인을 쉽게 찾을 수 있다. 주는 만큼 받는다고 했다. 하지만 동료에게 주어서는 안 되고, 오히려 내가 더 성숙해지고 긍정의 평판을 받는 것이 바로 문제의 원인을 나에게서 찾는 것이다. 나를 먼저 돌아볼 때 저만치 앞서 있는 나를 발견할 것이다.

CHAPTER

02

똑같이 해서는
고수가 될 수 없다

빨리보다
제대로가 중요하다

"강 대리, 지난주에 생산 실적이 많이 미달했잖아. 원인이 뭐였지?"

최 팀장이 주간회의 자료를 검토하며 담당인 강 대리에게 물어보고 있다.

"네, 조립공정 고장 건이요. 베어링 부품이 파손되었습니다. 그래서 신규 부품으로 교체해서 잘 끝났습니다."

강 대리는 예상하지 못했다. 부품 고장이 있었고, 조치를 잘했다고 생각해서 오히려 칭찬을 듣겠다고 생각했다.

"응, 신규 부품으로 교체했군. 파손된 원인은 뭐였어요?"

"파손된 원인이요? 어, 글쎄요. 충격인가? 그건 분석이 어렵던데요."

"그러면 조만간에 또 고장 나겠네. 교체 후에 정도 점검은 한 건가요?"

"네, 작동되는 거 확인했습니다. 사이클 타임도 잘 나왔습니다."

"그래. 그러면 점검 시트 좀 봅시다. 데이터를 봐야겠는데!"

"아! 그게 기록은 하지 않았습니다. 그냥 육안 확인만 했거든요."

"강 대리! 중요 고장에 대한 점검 및 분석 프로세스는 알고 있나?"

"네, 들어보기는 했는데, 실제로 해보지는 못했습니다. 죄송합니다. 잘 모르겠습니다."

동구는 당황했다. 이마에서는 땀이 흐르고 팀장과 대화하면서 자기모순에 빠진 듯한 느낌이다. 처음에 화난 표정이었지만 팀장의 얼굴은 담담해지고 목소리도 점점 톤이 낮아지고 있었다. 오히려 팀장이 차를 한잔 하자고 해서 회의실로 이동했다. 대신 최명호 팀장으로부터 '제대로 된 업무'에 대해 강의를 들었다. 자칫하면 요즘 흔히 하는 말로 '꼰대'의 훈시로 보일 수 있으나 동구는 긍정적으로 생각했다.

'팀장님, 진심이네. 이런 열정은 어디서 나오지?'

동구는 자신의 멘토로 최명호 팀장을 선정했다. 자기 마음대로!

직장생활을 어느 정도 오래 하면 많은 경험이 생긴다. 중요한 자산이며 무엇과도 비교할 수 없는 가치다. 초급사원들은 무엇인가를 실행해서 자신을 내세우고 빨리 업무를 배우려고 한다. 마음은 벌써 저만치 가 있는 형국이다. 하지만 경력자건 신입이건 제대로 알고 일할 수 있을 때 가치가 더 올라간다. 무엇보다도 자기의 일을 진정으로 존중해야 동기부여가 되어 자존감을 가질 수 있다.

한 번쯤은 자기의 일에 대해 진지하게 생각하는 시간과 계기를 가져야 한다. 일을 너무 단순하게 생각하지 말아야 한다. 일을 그냥 생각한 대로, 그냥 실행해도 된다고 생각하면서, 그저 빠르게 적용해서 조치하면 된다고 생각할 수 있다. 경험이 있는 분들은 그간의 경험과 직관으로 결과를 얻을 수 있다고 생각한다. 하지만 올바른 프로세스를 지켜야 한다. 구조화된 양식과 프로세스를 확인하고 물어야 한다. 이것은 바로 일을 제대로 하기 위해서다. 매우 중요한 사항이며, 그 시기에 시간과 노력을 기울여 누적과 축적을 통해서만 얻을 수 있는 가치다. 오래 근무한다거나 많이 든다고만 해서 생기는, 간단한 문제가 절대 아니다. 그래서 이 중요한 사항을 이야기하는 것 자체를 간혹 간섭한다고 싫어하는 경향이 있다. 지속적이고 반복적인 성과 창출을 위해서는 일하는 과정이 중요하다. 우선 정확히 제대로 하는 방법을 알아야 한다.

일하는 과정을 기록해야 함은 당연하다. 목표와 계획을 수립하고 이를 토대로 실행하는 능력을 키워야 한다. 일이 끝난 후에도 피드백을 통해 리뷰해야 한다. 부족한 부분은 보완, 개선하는 일련의 프로세스를 정확히 알아야 한다. 정확히 풀어나가는 프로세스를 알아야 예외적으로 발생하는 불규칙한 변화에도 대응할 수 있다. 제대로 모르면 매번 새로운 환경으로 간주해서 일관성이 없이 조치하고, 임시 대응만 한다. 그래서 문제가 반복되고 효율이 떨어진다.

고수를 찾아 제대로 배울 것을 강조하는 이가 있다. 한근태 작가는 《일생에 한번은 고수를 만나라》에서 고수에게 제대로 된 일의 가치를 배울 것을 일관되게 말한다.

나는 직장에서 제대로 하는 일이 어떤 것인지에 대해 후배들에게 자주 말하는데, 회사 밖 사회에서 제대로 하는 일에 대해 다시 한번 생각하게 된 계기가 있었다. 몇 주 전 타고 다니던 자동차에서 '달그락달그

락' 하는 소음이 발생해서 A/S 센터에 간 경험이 있었다. 첫 번째 센터의 비교적 젊은 직원은 샤프한 외모로 믿음직해 보였다. 하지만 전적으로 내 이야기만 듣고 현상을 말했다.

"차가 오래되어 그렇습니다. 엔진 블록을 점검해야 합니다."

실제 불편해서 수리하려 했으나 시간이 오래 걸린다 해서 다음에 오기로 했다. 비용도 많이 들고, 시간도 오래 걸려 며칠 동안 고심했다. 주말을 이용해서 다른 지점에 갔는데 이번엔 휠의 문제로 보았다. 당장 운행에 문제는 없다 해서 더 생각해보기로 했다. 나도 자동차에 대해서는 잘 모르나 휠의 문제는 아닌 것 같았다.

일주일 불편한 소음을 들으며 탔는데 지인들이 너무 거슬린다고 이참에 신차로 교체하라고 하는 통에 퇴근길에 잘 가지 않던 센터를 방문했다. 사실 처음엔 실망했는데, 제대로 일하는 방식을 다시 생각나게 했다. 남루한 작업복에 힘없는 표정으로 나이 지긋한 분이 나를 맞았다. 조금 불안했다. 내 이야기를 참고하기는 했으나 자신이 우선 이것저것 심도 있게 확인했다.

"주행과 관련된 차 자체의 문제는 아닌 것 같습니다. 단지 소음의 원인을 찾아야 하는데, 이 시트의 순서대로 점검해야 합니다. 대략 1시간 정도 소요될 것 같고, 고장이 아니면 공임만 추가됩니다."

무엇이 정답인지는 모르지만 준비된 계획대로 점검한다는 데 신뢰가 갔다. 일하시는 동안 직업병이 발동되었다. 슬쩍 점검 시트를 보았다. 점검 매뉴얼과 체크리스트를 조합해놓은 형태로 자세히 기준이 설명되어 있었다. '이번에는 해결될 것 같다'라는 생각이 바로 들었다.

아니나 다를까 약 1시간 후에 소음의 원인을 찾았다고 알려주었다.

"발전기(제너레이터)의 고정 볼트가 안쪽에서 풀려 저속에서 진동으로 소음이 발생했습니다."

나는 부끄러웠다. 외모만 보고 판단한 나의 선입견을 반성했다.

"정말 고맙습니다. 여러 곳을 방문해서 아는데, 정말 제대로 점검하십니다. 감사합니다."

나도 모르게 제대로 일하는 사람을 본 것 같아 오래 기억에 남았다. 이후 내 '제대로'는 무엇인지 생각하게 되었다.

일의 성격에 따라서는 빨리 처리해야 하는 업무도 있다. 긴급한 품질 문제나 고장, 안전 등 이외에도 빠르고 신속히 대응해야 하는 일도 있다. 하지만 임시대응했다 하더라도 중요한 것은 정확히 제대로 하는 것이다. 또 자신을 평가할 때, 자신이 제대로 일하며 하나하나 부족한 부분을 채울 때 성장하고 있다고 생각한다. 이렇게 배울 때 동기부여가 되고, 성장한다는 이야기다. 제대로 업무를 장악하고 실행하는 방법은 무엇이 있는지 소개하려고 한다.

첫째, 일의 목적을 파악해야 한다. 문제의 정의를 자신이 다시 파악해 보아야 한다. 다른 사람이 알려주는 정보만을 바탕으로 이것만 처리한다는 생각으로는 부족하다. 자신이 직접 문제의 정의를 내리고, 현상을 파악해야 한다. 앞서 사례의 경험 있는 A/S 센터의 기술자처럼 자신이 직접 문제를 확인해야 한다. 평소에 자기의 역할이 무엇인지 생각해보면 도움이 된다. 나는 중간관리자로서 내 역할은 무엇인지 주기적으로 확인한다. 그리고 문제가 발생하면 모두 임시대응할 때 '왜 발생했지?' 하고 반문해본다. 바로 무엇을 해야 하는지 목적을 명확히 정의하려는 나만의 무기다.

둘째, 일의 해결에 초점을 맞춘 목표와 계획을 수립해야 한다. 일의 정의가 내려졌다면 정보를 바탕으로 어떻게 해결할 것인지 목표와 계획을 수립한다. 계획이 있다는 것은 혼란이 없고, 자신이 문제를 장악하고 있다는 자신감의 표현이다. 이 단계에서 완료를 생각해보면 쉽게 풀어나갈 수 있다. 이 이슈에서 결과물이 무엇인지 먼저 생각해보는 것이다. 결과물은 다양하다. 실체가 있는 설비가 될 수도 있고, 테스트 결과 보고서인지 또는 지시에 따른 조사 보고서인지 등 결과물이 다양하다. 내가 완료해야 하는 결과를 항상 머리에 그리고 일하면 과정을 쉽게 계획할 수 있다.

셋째, 일의 해결에 초점을 맞춘 다양한 해결 방법을 적용한다. 즉, 문제를 풀기 위한 적절한 프로세스를 실행하는 것이다. 문제는 이에 맞는 방법으로 실행해야만 해결이 된다. 평소에 이에 맞는 다양한 프로세스를 경험하고 프로처럼 알고 있어야 한다. 문제 해결 프로세스는 툴(Tool)이다. 요리할 때 국자가 필요하고, 공부할 때 연필이 필요하며, 공사할 때는 연장이 필요하다. 갖가지 용도에 맞는 연장을 정리해두어야 실전에 바로 사용할 수 있다. 마찬가지로 문제 해결 툴을 익히고, 알고 있어야 어떤 문제가 생겼을 때 바로 적용할 수 있다. 이 부분의 프로세스를 정리해두기 바란다.

마지막은 기록이다. 어렵게 경험하고 터득한 원리, 노하우, 프로세스는 아직 자신의 것이 아니다. 다른 사람의 도움을 받아 처리했는지는 모르지만, 자신이 정확히 알고 전수할 정도는 아니다. 기록을 통해 정리, 보고, 피드백을 받을 때 완료가 되고 자신의 것으로 만들 수 있다.

동구의 눈빛이 초롱초롱하다. 최 팀장을 멘토이자 자신의 롤모델로 선정해서 배우려고 한다. 자신이 필요해서 먼저 다가가면서 전화위복이 되었다. 이제야 비로소 일을 제대로 배우고 있다는 생각이 든다. 내가 성장하고 있고, 내가 해야 하는 부분의 가치를 높이고자 하는 동기부여가 되었다.

사람의 몸에는 많은 잠재된 병들이 있다. 그중에서 '대충대충 병'은 매우 치명적이다. 빨리해야 한다는 명분으로 제대로 하는 일을 잊어버린다. 임시적인 처리가 되면 일의 가치와 상관없이 종료해버린다. 한 번을 하더라도 제대로 된 업무 프로세스를 습득했다면 성공이다. 제대로 된 문제는 근본 원인을 제거한 상태에서는 재발하지 않는다. 또 유사한 문제가 발생되더라도 당황하거나, 우왕좌왕하지 않는다. 제대로 배운 업무 프로세스로 충분히 해결할 수 있는 문제다. 누적된 자신의 기록이 곧 여러 사람이 사용하는 표준이 된다. 기록이라는 습관까지 학습된 당신은 인재가 되었음을 곧 알게 될 것이다.

고객의 관점에서
사고하라

최근 딸아이가 좋아하는 떡볶이를 배달해 먹었다. 외식하자고 졸랐지만, 코로나 확산도 있어서 배달시켜 먹는 것으로 달랬다. 물론 편하고 맛있게, 즐겁게 먹었다. 예전에는 배달이라고 하면 중국집에서 자장면을 시켜 먹는 정도였다. 지금은 커피며 햄버거를 포함해서 배달이 안 되는 물품이 없을 정도다. 철저히 고객의 마음을 잘 파고든 트렌드라고 생각했다. 상품의 품질이나 가격 경쟁력은 당연히 있어야 한다. 여기에 추가해서 고객이 원하는 편리성과 코로나로 인한 안정성을 잘 만족시켰다고 생각했다. 요즘 직장에서 고객의 마음을 잘 읽으려고 노력하고 있는데 이 부분에 관한 생각이 떠올랐다. 내 업무의 고객은 누구고, 어떻게 만족시켜야 할까?

사내 식당에서 연서가 먼저 와 기다리고 있다. 오전에 업체 외근을 바쁘게 다녀와서인지 연서는 배고픔을 느껴 동구가 오는 방향을 보고 있다.

"오늘은 좀 늦었네! 나, 배고파."

"어 그래, 빨리 가자."

"그런데 동구씨는 배고픈 표정이 아닌데, 어디 불편한 데 있어?"

"아니! 아픈 데 없어. 보고서 준비로 신경을 많이 썼더니, 머리가 조금 무겁네!"

"보고서? 무슨 보고서? 또 불량 났어?"

"응, 품질문제가 또 발생한 건 아니고, 지난번에 발생한 불량 건 후속 보고인데, 지난번에 좋지 않은 피드백을 받아서 고민하고 있어."

"많이 혼난 표정인데, 뭐가 문제였어? 양식이 잘못 되었어?"

"아니, 형식의 문제보다는 보고 내용이나 전달이 내 위주로 일방적인 통보로 보였나 봐."

동구는 1차 보고 시 보고의 관점을 바꾸어보라는 최 팀장의 조언을 생각하고 있다.

"강 대리! 강 대리가 한 일의 나열보다는 보고를 받는 사람이 궁금해하고 확인해야 하는 사항을 정리해보세요. 관점을 바꾸어보면 또 다른 넓은 사고를 할 겁니다."

"네 알겠습니다. 다시 검토하겠습니다."

지금은 대기업이나 중소기업은 물론이고 소상공인도 고객 만족의 중요성을 알고 있다. 고객 만족을 위해 고객이 원하는 제품이나 서비스를 제공한다. 이런 노력 없이 사업을 하는 건 어려운 시대가 됐다. 예전에 공급이 수요를 따라가지 못하던 시대와는 차이가 있다.

철저히 고객 중심의 사업을 하는 기업들이 승승장구하고 있다. 대표적으로 세계적인 기업인 아마존이나 우리나라의 배달의 민족, 쿠팡, 당근마켓 등이 고객이 원하는 트렌드를 잘 이용해서 성장한 기업이다. 핵가족화를 지나 1인 생활 위주로 바뀌면서 수요가 변한 까닭이다.

그런데 사실 직장에서 고객을 직접 상대하는 일을 하는 사람은 많지 않다. 영업이나 마케팅 관련 팀이 아니고서는 직접 고객을 만나는 일은 별로 없다. 하지만 고객 만족 지향의 경영 이념 등은 많이 듣는다. 중요성 또한 잘 알고 있다.

나는 직장에서 제조 관련 업무를 오랫동안 해오고 있다. 양질의 경쟁력 있는 제품을 만들기 위해 노력하고 있지만, 내 제품을 가지고 고객을 만나는 업무는 하지 않았다. 그래도 나에게는 많은 고객이 있다. 나와 관련된 이해 관련 팀 모두가 나의 고객이라고 생각한다. 흔히 이를 일명 '내부 고객'이라고 한다. 100% 업무를 나누기는 힘들다. 제품을 만들기 위한 일련의 업무가 협업을 통해 이루어지기 때문이다. 다만 업무 흐름을 따라 구분해보면 고객 흐름도가 보인다.

앞서 사례의 강 대리의 경우도 단순한 보고서의 문제가 아니다. 나의 업무가 어떻게 진행되고, 누가 보고 판단하는지를 알아야 한다. 업무의 고객을 찾고 그 관점에서 생각해보는 습관이 필요하다.

우리가 직장생활에서 하는 업무는 보고로 이루어졌다 해도 과언이 아니다. 주어진 직무나 역할도 따지고 보면 결과에 대해 보고해서 평가하고, 보완을 통해 계획을 수립한다. 일일이 보고하지 않는 것은 문제가 없다는 것으로 보고 형식을 생략한 형태라고 할 수 있다. 문제는 어떤 일이 발생해 목적을 가지고 보고하는 형태다.

보고도 소통의 한 부류다. 의사를 전달하고 피드백을 받는 넓은 의미의 소통이다. 이런 측면에서 본다면 상대방이 쉽게 이해하도록 의사를 전달해야 한다. 꼭 상대가 상사가 아니더라도 상대방의 관점에서 생각해보는 보고는 좋은 보고라고 할 수 있다. 나의 보고를 받는 상대를 폭넓은 관점에서 나의 고객이라고 생각하면 '상대방의 입장'을 보다 쉽게 이해하게 된다.

보고는 소통이라고 했다. 내가 정성 들여 작성해서 보고하고 있다고 해도, 준비도 철저히 해서 나름대로 열정을 가지고 의사를 전달하고 있다고 해도, 상대방이 이해하지 못하고, 내가 필요한 주장만 해서는 소통이 아니다. 고객이 필요하고, 알고자 하는 내용이 담겨 있어야 한다. 고객의 눈높이에 맞는 형태가 필요하다. 물론 보고에는 여러 종류가 있어, 자신의 의견과 필요 사항을 명확히 전달할 필요가 있다. 이럴 때도 고객의 눈높이와 조화를 이루어야 한다.

나는 직장에서 업무를 하면서 나의 고객 범위를 넓혔다. 동료나 다른 팀을 고객이라고 생각하고 공감하려고 한다. 그들이 요구하는 것이 무엇인지 공감해야 소통이 된다. 그래야 나의 내부 고객을 만족하는 업무를 할 수 있다. 나에게는 또 다른 고객이 있다. 바로 상사다. 회사에서는 상당한 부분을 보고를 통해 판단하고 결정한다. 하지만 상사에게 제대로 된 보고를 하기란 쉽지 않다. 그래서 나만의 고객을 만족하는 방법이 있다. 보고의 관점을 철저히 고객에게 집중하는 것이다. 이를 위해 고객이 만족하는, 실패하지 않는 나만의 보고의 기술을 정리해본다.

첫째, 두괄식으로 보고하라. 결론과 전달하고자 하는 핵심을 먼저 전달하고, 이유와 근거를 보충 설명하면 듣는 이로서는 한결 이해하기 쉽다. 서두만 길고, 무엇을 이야기하는지 질질 끌다가 끝에 가서 이야기하면 핵심을 전달하기 어렵다. 특히, 보고받는 상사인 고객은 시간이 없고, 여러 상황은 이미 인식한 경우가 많다. 결론을 듣고 바로 판단, 결정하려는 마음이 있다. 보고서의 요약도 한 장에 정리하는 기술이 필요하다. 내 지난 과거처럼, 여러 장으로 상대를 설득하려다 겪는 실패는 모두가 거듭하지 않길 바란다.

둘째, 보고는 타이밍이다. 적기에 보고하는 것이 필요하다. 보고의 목적은 상사인 고객에게 필요한 정보를 공유해서 판단, 결정에 도움을 주는 것이다. 상황이 종료된 이후에 알게 되는 정보는 데이터에 불과하다. 도움을 주지 못하는 정보를 나중에 보고했다는 기록만 있을 뿐이다. 고객이 요청하는 일정이 있다면 설사 부족한 내용이 있더라도 보고하는 것이 안 하는 것보다 좋다. 지연되면 이유를 공유하는 것도 좋다. 보고는 소통의 하나라고 했다. 의사소통은 매우 중요하다.

셋째, 지시한 사항을 보고한다. 상사가 지시한 사항에 대해 우선 보고하는 것을 말한다. 직장생활에서 보고를 경험해본 이들은 이해할 것이다. 지시한 사항을 정확히 보고하기가 쉽지 않다. 정확한 지시 내용을 이해하지 못하는 경우도 많다. 다시 물어 정확히 확인해야 하는데, 고객은 항상 어렵다. 추정해서 전달하면 지시한 사항과 다른 경우가 많다. 고객이 "A를 가져오라"고 했다면 A를 가져가야 한다. 모른다면 정확히 물어 이행하는 것이 필요하고, 지시에 추가할 사항이 있다면, 이후에 보고하는 것이 필요하다. 추정해서 B가 맞을 것 같아 B를 가져가면, 재보고해야 하는 낭비는 물론, 능력마저 의심받으며 나쁜 평판을 얻게 된다.

마지막으로 보고의 외적 요인도 보고한다. 정확히 지시한 사항을 공유하고, 이 보고를 통해 알게 된 추가적인 정보를 보고하면 고객은 만족한다. 판단, 결정에 도움이 되고 알아야 하는 내용을 자진해서 보고하는 것은 고객의 입장을 이해하고 고려한다는 이야기다. 물론 내용이 정확하면 문제되지 않는다. 추가 내용을 보고할까 말까 망설이는 경우가 있다. 괜히 긁어 부스럼 만드는 것이 아닌가 망설이게 된다. 이때는 보고하는 것이 좋다. 소통의 한 방법이기 때문이다. 고객을 위한 추가적인 내용인 만큼 소통 후에 필요한 정보만 취하면 된다. 추가 보고는 일종의 자랑이라고 생각하자. 보고를 잘하고 소통이 잘된다고 생각되면 고객이 더 찾는 이유가 된다.

"기본으로 돌아가라. 답은 고객에게 있다!"라고 강조하는 이가 있다. 경영학 교수이자 최고의 경영 전문가로 손꼽히는 마이클 르뵈프(Michael Leboeuf)다. 《절대 실패하지 않는 비즈니스의 비밀》에서 아무리 뛰어난 제품을 가지고 있어도 이를 찾아주는 고객이 없으면 그 기업은 절대 살아남을 수 없다고 강조했다. 또한 고객 중심의 비즈니스 경영과 실천을 주문했다.

직장에서 내가 하는 일의 품질을 생각해본다. '내가 제대로 일을 하고 있는지? 나와 관계된 이들이 내 업무에 대해 만족하는지?' 말이다. 내가 하는 일이 나의 상품이라고 생각한다. 일전에 교육받은 자기계발 사외

교육에서도 강사가 비슷한 내용을 말했다. 자기의 일에 대해 주변에서 도움을 받으며 주기적으로 피드백받는 시스템을 만들라고 했다.

업무를 하면서 주변에서 자연스럽게 "저 사람은 일을 깔끔하게 한다"든지, "배려심이 깊다"라는 말을 들을 수 있을 정도로 고품질의 일을 해야 한다. 또는 말로 하지 않아도 다음에 기회가 된다면 같이 일하고픈 마음이 들도록 해야 한다. 나 또한 누군가에게 실질적으로 도움을 주고, 깊은 인상을 주려고 노력한다. 그렇게 해야 나의 잘못된 습관을 객관적으로 알 수 있는 계기를 마련할 수 있다. 또 이를 통해 한 단계 발전할 수 있는 성장 동력을 얻는다.

내부 고객이라고 하니 상사를 먼저 떠올리게 된다. 그도 그럴 것이 지시를 내리는 것은 대부분 상사이고, 이에 따라 일을 마무리하기 때문이다. 또 이에 대한 내 일의 품질을 상사가 평가하기에 먼저 상사를 만족시키려고 노력한다. 결과물과 성과를 이 상사에 초점을 맞추는 것 또한 사실이다. 여기에서 고객의 범위를 확대해서 동료, 후배를 포함해서 주변 관련인들로 넓혀야 한다. 즉, 나를 찾게 만드는 것이다. 좋은 상품은 굳이 팔러 가지 않아도 사러 오지 않는가? 마찬가지다. 그만그만한 일을 하는 이들 중에서 고품질의 일을 처리하는 차별화가 있다면 고객은 찾아온다. 일을 많이 한다고 생각하기보다 고객이 원하는 고품질의 일을 하고 있다고 긍정적으로 생각해볼 필요가 있다.

요즘과 같이 빠르게 변화하는 사회에서 고객을 만족시키는 것은 기본이다. 고객이 요구하는 가치를 제공했을 때 기업이 성장한다. 다시 말하지만, 흔히 고객이라고 하면 물건을 사는 소비자를 생각하지만 관점을 바꾸어보면 나와 관련된 이해 관계자가 모두 고객이다. 내부 고객을 만족하는 업무를 해보길 바란다. 일의 품격이 상승한다. 내 고객을 생각하지 않은 내 업무는 처리에 불과하다. 하지만 고객을 만족하는 업무는 질과 품격을 높인다. 협업과 효율 상승의 효과가 있다. 무엇보다 자신의 역량이 성장한다. 단순히 나 중심의 작은 세계가 고객의 마음을 얻은 우주로 커진다. 생각의 틀을 조금만 바꾸어보자. 고객의 소리가 내 성장의 밑거름이 될 것이다.

똑같이 해서는
고수가 될 수 없다

    오늘은 한 달 치 읽을 책을 구하기 위해 집 근처 평택에 있는 비전서점에 갔다. 많은 책을 보면 마음이 넓어진다. 요즘은 왠지 세대에 관한 책에 손길이 간다. 《오십에 읽는 논어》, 《마흔에 읽는 손자병법》, 《30대에 하지 않으면 안 될 50가지》 등의 책이 인기다. 나는 어느 세대에 있나 생각하기도 하고, 지난 세대의 책을 보면 '나는 아직 저런 걸 하지 못했는데' 하고 후회한다. 좋아서 하는 독서지만, 지금이라도 지식을 쌓는 책을 읽을 수 있어 행복하다. 요즘은 SNS, 유튜브 등 다양한 정보 습득 루트가 있어 책을 잘 읽지 않는다. 그러나 책이 가진 장점이 있다. 무엇보다 생각, 사색하게 한다. 다른 사람과 똑같이 하지 않는 다양성을 가질 때 나를 위한 '홀로서기'를 할 수 있다. 바로 나만의 차별화라고 할까?

    '헉! 어떡하지? 김 대리하고 똑같잖아!'

    강 대리 이마에서 땀이 비 오듯 하고 있다. 원가 절감 발표를 하고 있었다.

본부장인 전무님 앞에서 하는 발표라서 그러잖아도 긴장하고 있다. 문제는 엉뚱한 곳에서 발생했다. 강 대리 순서에 앞서 발표한 구매 부문 김 대리의 발표 양식이 강 대리와 같았다.

"제조 부문 강동구 대리 발표하겠습니다."

동구는 발표하는 내내 얼굴이 화끈거렸다. 아무 일 없다는 듯 발표하고 있지만, 김 대리 보고와 왜 똑같냐고 물으면 딱히 답할 말이 없었다. 질문 없이 빨리 끝나길 바랐다.

"아까 누구 발표하고 유사하네. 같이 상의했나? 창의성이 좀 있었으면 좋겠네!"

기어코 전무님이 김 대리와 같은 걸 지적하고 있다. 더 신경 쓰이는 건 최 팀장이 아무 말 없이 무언의 질문을 하고 있다는 것이었다. 작년 자료를 참고했는데 김 대리도 같은 자료를 이용한 게 문제였다. 마치 행사장에서 같은 옷을 입고 있는 기분이었다. 개성이 넘치는 시대에 똑같은 나를 만나는 기분이었다. 마음이 몹시 불편한 하루였다.

사람은 누구나 인정받길 원하고, 자신이 논쟁에서 이기길 바란다. 더구나 직장인은 더 간절하다. 직장에서 자기 일에 성과를 내고 인정받길 바란다. 하지만 열심히 해도 성과를 인정받지 못해 마음고생을 한다. 고전 《손자병법》의 군형 편에 '이기는 군사는 이긴 뒤에 싸움터에 나서고 패하는 군사는 싸운 뒤에 승리를 구한다'라는 구절이 있다. 일전에 다시 읽으면서 문득 떠오르는 생각이 있었다. 직장인은 성과로 실력을 인정받으려 무던히 애쓴다. 대부분 성과를 잘 내는 직원은 따로 있다. 마치

이기고 싸움을 하는 것처럼 말이다. 성과의 정의와 성과를 내는 방법을 알고 일을 한다. 성장하는 인재는 성과를 내놓고 일한다. 일하면서 '어떻게 성과를 내지?' 하고 혼란스러워 하지 않는다. 성과는 목표를 수립해서 의도한 계획을 세우고 실행한 결과물이다. 중요한 이야기다.

우리는 일상적인 일로는 나를 알릴 수 없다. 다른 사람과 똑같이 하고 다른 평가를 원하는 건 어불성설이 아닐까? 특히 직장에서 성과로서 당당히 나를 내세울 수 있어야 한다. 이것이 바로 나의 경쟁력을 높이는 빠른 방법이다. 주변에서 고수를 한번 찾아보자. 성과를 어떻게 다르게 차별화하는지 눈여겨볼 필요가 있다. 내 주변의 고수는 항상 성과를 미리 그리고, 이기는 걸 볼 수 있었다. 고수는 "성과를 내려면 일 이전에 선행되는 공유가 있어야 한다"고 말한다. 성과의 단계를 자세히 들여다보면 이렇다.

첫째, 분명한 목표가 공유되어야 한다. 성과는 일한 이후 평가의 성격을 띠고 있다. 열심히 한 것은 본받아야 할 좋은 태도다. 성과는 태도와는 다른 성격의 평가다. 실행에 대한 결과물로 평가한다. 실행 이후에 기준이 되는 것이 목표다. 목표는 구체적이어야 한다. 수치로 표현되면 좋다. 가령 쉽게 설명해서 독서에 비유해보겠다. 올해 독서 목표를 '150권 독서'라고 하고, '자기계발 서적 100권, 인문학 및 철학 서적 30권, 경제 및 과학 서적 20권'이라고 수립했다고 하면, 모호하게 '다수의 자기계발 서적 위주로 독서를 많이 한다'라는 것보다는 구체적이고 기준이 명확하다.

둘째, 목표를 달성하는 의도된 계획이 있어야 한다. 여기서 의도된 계획은 과정이라고 볼 수 있다. 목표는 있어 달성은 했으나 다른 요인으로 달성되었다면 성과라고 보기 힘들다. 이것을 실적이라고 한다. 우리가 독서 150권을 목표했다. 세부 계획으로는 자기계발, 인문학, 경제 영역별로 나누었다. 그리고 주에 3권, 한 달에 12권을 꾸준히 독서하는 세부 계획을 수립했다. 아울러 꾸준한 학습과 습관을 이번에 같이 습득할 생각이었다. 그런데 중간에 자기계발에 흥미를 잃어 소설 책과 일부 무협지를 포함했다. 또 휴가와 이런저런 약속 등으로 몰아치기를 하며 정독을 하지 않았다. 자신이 의도한 계획과는 차이가 있다. 이것을 성과라고 보지는 않는다. 다만, 책을 읽었다면 다양한 책을 포함해서 150권 독서를 했다는 실적이라고 말할 수는 있다.

셋째, 능력과 역량을 키워 목표를 달성하는 실행력을 가져야 한다. 목표와 의도된 계획이 완벽히 수립되어 있어도 실행하지 않거나 못한다면 아무 소용이 없다. 평가 자체를 할 수 없다. 실행한다는 것은 여러 가지 요인을 갖추어야 가능하다. 실행할 수 있는 능력과 기획하고 조정할 수 있는 역량이 뒷받침되어야 가능하다. 가령 독서를 하려고 하는데 글 읽는 속도가 느리거나, 끈기가 부족하면 150권을 독서하지 못한다. 능력이 부족하면 목표를 낮추어 도전해야 한다. 능력을 키운 후 다독이 가능하다. 또 능력이 있다 해도 여러 종류의 책 중에서 어떤 책을 독서하고, 일주일에 3권을 독서하는 페이스를 조정하는 힘이 필요하다. 이것을 역량이라고 한다. 역량은 목표와 의도한 계획을 기획하고 조정해서 달성할 수 있는 일련의 실행력을 말한다. 덧붙여 설명하자면 역량은 능력에 기획력을 추가한, 풀어나가는 힘을 말한다.

넷째, 피드백과 전반적인 성과의 이해가 필요하다. 목표했던, 의도한 계획을 실행하고 나서 피드백을 점검해야 한다. 성과를 내려고 한 것인데 혹시 결과는 어떤지? 실적은 어떻게 되는지? 스스로 피드백해야 한다. 어디에서 슬럼프에 빠졌는지, 또 어떻게 슬기롭게 극복했는지 전체적인 과정을 복기해봐야 한다. 일련의 반복과 습관을 들여야 한다. 제대로 성과를 이해해야 한다.

나 또한 경력이 쌓이면서 성과가 눈에 보이기 시작했다. 가령 난관이 있지만, 실물이 있는 프로젝트는 성과를 내기 쉽다. 설비 제작, 생산성 향상 등 실물로 측정할 수 있는 것은 다행이다. 무에서 유를 창조하는, 경쟁력 있는 디자인 개발, 품질문제 없는 제품 개발 등 실체를 찾아가며 하는 업무는 다소 성과를 내기 어렵다. 그래서 전자와 같이 실물의 프로젝트를 맡으면 성과를 이미 낸 프로젝트라고 속으로 생각한다.

'홀로서기'를 잘하지 못하는 직원이 있다. 경력이 있는 직원이라도 혼자 업무를 하기 두려워하는 직원이 있다. 누군가가 하면 뒤쫓으려고만 한다. 먼저 시작해도 기다렸다 똑같이 따라 하려고만 한다. 마치 '가만히 있어도 중간은 간다'라고 머릿속에 고정관념이 박힌 것처럼 말이다. 남들 쫓아가기도 힘든데, 어떻게 좋은 성과를 기대할 수 있겠는가? 그렇다고 무조건 튈 필요는 없다. 하지만 남들과 똑같이 하고서 다른 무엇인가를 기대하는 것은 아니라고 생각한다.

지금은 개성 시대를 떠나 차별화의 시대다. 얼마 전 책을 보다가 내게 잘 맞는 것이 무엇인지 다시 생각하게 되었다. 책의 이야기는 모 방송국의 유명 PD 이야기다. K라는 PD는 대학 다닐 때 이미 톡톡 튀는 외모로 유명했다고 한다. 노랑머리에 찢어진 청바지를 입고 강의에 들어와 교수님에게 지적받은 일도 많단다. 지금은 흔하게 하는 옷차림으로 특별할 게 없다. 예전에도 개성 있는 옷차림은 호불호가 있지만 특별하다고 할 수 없다. 그래도 요즘은 개성의 일부분으로, 젊음을 좋게 보는 측면도 있었다.

K PD가 취업을 위해 방송국에 면접을 볼 당시의 상황이다. 아무리 자기주장이 강하다 해도 면접에 평상시 물들인 노랑머리로는 가기 힘들다고 생각했다. 그래서 면접에 맞춰 검은색으로 염색하고 정장을 입었다. 거울을 봤더니 자신이 너무 어색했다고 한다.

'이건 아닌데, 내가 아니야! 나를 다시 찾자!'

거울 앞에 선 사람이 자신이 아니라고 생각해서 다시 본래의 모습으로 돌아갔다고 한다. 아무리 튀는 개성이 있는 방송국이지만 면접에 정장을 입지 않은 모습은 쉽게 찾아보기 힘들었다. 면접을 주관하는 인사부에서는 심한 눈치를 주었다고 한다. 하지만 반전이 있었다. 면접을 위해 면접관 앞에 섰을 때 상황이다.

"와우, 물건이네! 예능 PD 정도 되려면 무언가 달라야지!" 하며 면접관 전체가 기립박수를 보냈단다. 그야말로 면접관이 간절히 찾고자 했던, 그만그만한 개성들 사이의 특별함으로 여겨졌던 것이다. 이후 K PD는 유명한 예능 프로그램인 <무한도전>을 오랫동안 연출하며 큰 사랑을 받았다.

나도 간혹 면접관 위치에 설 때가 있다. 장점과 긍정을 보려고 하기보다 무언가 부족한 것은 없는지 결점을 찾으려는 나를 반성했다. 앞서 사례에서 내가 더 놀란 건 K PD보다 기립박수를 보낸 면접관이다. 고정관념을 벗어나 열린 마음을 가져야 숨은 보석을 알아보는 것 같다. 나도 차별화를 해서 경쟁력을 가져야 한다. 또 숨은 인재를 알아보는 능력도 필요함을 느끼고 있다.

'성과를 내고 일한다'라는 것은 이미 성과를 내는 방법을 알고 있다는 것이다. 능력과 풀어나가는 역량을 일하기 전에 연마했다는 것이다. '기회는 준비된 자에게만 온다'고 했다. 성과의 정의를 알고, 성과 프로세스를 숙지한다면 기회는 언제나 온다.

직장을 떠나 사회에서도 누군가에게 능력을 인정받고, 좋은 성과를 얻길 바란다. 하지만 원하는 성과를 얻기는 어렵다. 능력을 떠나 우선 성과를 제대로 이해하지 못하고 있다면 성과 프로세스와 역량을 갖추는 노력을 꾸준히 연마해야 한다. 남들과 똑같은 사고와 행동으로는 다른 성과를 기대할 수 없다.

고수는 남다른 열정과 간절한 노력 없이 얻어지는 자리가 아니라는 것을 우리는 안다. 제대로 성과를 얻는 방법을 알고, 계속하고자 하는 동기부여를 얻길 바란다. 성과를 얻으려는 것도 결국 하고자 하는 의지를 보이는 것이다. 우리에게 성과를 낼 일은 얼마든지 있다. 미리 준비해서 그 기회를 꼭 얻길 바란다.

우리 앞에는 성과를 미리 낼 일이 펼쳐질 것이다.

디테일이
성과를 좌우한다

최근 이사하면서 집을 수리한 경험이 있다. 특히 욕실이 낡고 타일이 손상되어 2개 욕실 전체를 수리했다. 인테리어 업체와 상담 및 견적을 내면서 사진을 보고 수리 내용을 결정했다. 사실 몇 번의 새 아파트 입주나 이사로 정해진 대로 생활한 경험은 있지만, 우리가 결정해서 수리하는 것은 처음이었다. 그런데 막상 공사가 시작되면서 세부적인 사항에서 많은 이견이 발생했다.

"왜 타일은 다 들어내지 않나요?", "선반 위치가 위험합니다" 등 세부적인 사항에서 이견이 발생했고, 다시 시공하는 일이 있었다. 그러면서 왜 세부적인 사항을 꼼꼼히 확인하지 않았는지 화가 나면서도 한편으로 후회가 되었다. 회사에서는 표준사양을 준비해라, 디테일하게 체크리스트를 확인해야 한다고 지시했지만, 정작 내 가족을 위한 것에서는 디테일한 면을 등한시해서 한동안 마음이 편치 못했다.

강동구 대리의 마음이 조금 들떠 있다. 자신의 칭찬도 아닌데 왠지 기분이 좋다. 최근 물량 증가와 관련해서 구매 부문에서 추가 업체 선정작업이 완료되었다. 업체 평가와 선정 과정에서 권연서 대리의 기획이 좋았다는 사장님의 칭찬을 구매 쪽 동기에게서 들었다.

"연서씨 정말 축하해! 이번에 칭찬 많이 받았다는 얘기 들었어!"

"뭘, 내 할 일을 했을 뿐인데!"

"그래, 다른 팀원들과 차이가 있었던 비결이 뭐라고 생각해?"

"이미 대상 업체는 대략 예상했었어. 내가 조금 더 고민해서 차이가 있었던 것은 '디테일'이었던 것 같아. 기존에 업체 평가서가 두루뭉술한 부분이 있었거든. 그래서 기존에 있던 것을 세분화해서 디테일하게 구분해보았어."

"그랬구나! 구체적으로는 어떻게 한 거야?"

"응, 지금 동구씨가 물어보는 것처럼 세부적으로 나누었더니, 기존에 자금력이 우선인 사항이 기술개발에 가중치를 두게 되었어. 그랬더니 새로운 업체가 미래를 대비해서는 더 경쟁력 있다는 것을 알게 됐어."

"나도 너무 알고 싶어! 나중에 디테일하게 검증하는 스킬 좀 알려줘!"

"응, 알았어. 대신 수업료도 준비해."

누구든 직장생활을 하면서 성과를 내서 인정받고 싶어 한다. 자신은 주어진 역할을 충실히 했으니 좋은 성과를 기대하는 것이다. 그런데 성과를 내려면 먼저 목표와 의도된 계획이 뒷받침되어야 한다. 큰 틀에서 무엇을 언제까지 하겠다는 목표를 수립해야 한다. 하지만 구체적인 세부 계획과 목표가 어설픈 경우가 많다.

목표를 달성하기 위해서는 세밀하게 계획을 수립하고, 그것을 공유해야 한다. 바로 디테일이 탄탄해야 성과를 얻을 수 있기 때문이다. 무엇을 해야 하고, 이렇게 하면 성과를 얻을 수 있다고 말하는 이는 주위에 많다. 여기에 휩쓸려서 디테일한 계획이 부족하면 내가 무엇을 구체적으로 기여하고, 실행했는지 내세우기 힘들다.

사실 디테일을 본다는 것은 과정의 충실함을 보는 것이다. 실행의 과정을 들여다보고 실제 실행한 행위와 과정의 오류를 제거하는 것이라고 할 수 있다. 그래야 세부 실행과정에서 무엇이 잘못되어 있는지 알수 있기 때문이다.

어떤 이슈가 있어 여러 팀이 모여 미팅을 한다. 계획을 수립하는 사람과 실제 실행하는 사람이 다른 때도 있다. 그런 때는 실행하는 사람이 혼돈과 혼란이 없도록 디테일하게 설명되어야 한다. 주변에서 흔히 매뉴얼이라는 것을 자주 본다. 어떤 행동이나 계획을 구체적으로 실행하고 정확하게 의도된 계획대로 움직이기 위함이다. 그래서 뒤에 얻어지는 결과물이 성과로 이어지게 된다. 실행 따로, 결과 따로인 매뉴얼은 빠른 시간에 재정비되어야 한다.

디테일한 매뉴얼의 대명사 하면 떠오르는 것이 있다. 바로 패스트푸드점인 맥도날드의 매뉴얼이다.

'전 세계 모든 고객에게 같은 품질, 맛의 제품 및 서비스를 제공한다.'

이것은 디테일한 매뉴얼을 만들어 운영하는 맥도날드의 목표다. 맥도날드를 창업한 사람은 맥도날드 형제지만, 실제 매뉴얼을 만들고 오늘날의 맥도날드를 세계 최고의 패스트푸드 프랜차이즈로 성공시킨 이는 레이 크록(Ray Kroc)이다. 문화와 사람과 장소가 다른 모든 매장에서 같은 제품을 만들려면 그만큼 표준화가 필요하다. 디테일한 매뉴얼에서 일정한 맛과 품질, 서비스가 나온다. 맥도날드의 매뉴얼에는 손님 응대부터 패티의 무게 45.36g, 감자튀김 두께는 0.71인치, 빵 굽는 시간 17초 등 아주 세밀한 내용이 담겨 있다. 세상에는 다양한 사람이 있고, 일일이 알려주어야 하는 사람들도 있다. 그런 사람들을 올바르게 교육하기 위해 맥도날드는 디테일한 매뉴얼이 필요했다. 일각에서는 디테일한 매뉴얼이 비인간적이라는 부정적인 시각도 있다. 맞고 틀리고를 떠나 레이 크록의 디테일한 매뉴얼이 있었기에 지금의 맥도날드가 이만큼 발전했으리라고 생각해본다.

　디테일은 경험하면서 스스로 보완하게 된다. 요즘 디테일에 대해 중요하게 전달하고 확인하는 사항이 있다. 하나는 점검리스트를 통한 오류를 줄이는 사항이다. 나의 경우를 예를 들어, 설비를 제작하면 업체에서 검수라는 점검을 하는데, 막상 업체에 가보면 시간이 없기도 하고, 여러 사람이 있으면 잊어버리고 결과의 동작 위주로 점검하게 된다. 나중에 보완해야 하는 사항이 생기면 여러 가지 비용이 발생한다. 그래서 일종의 체크리스트인데, 점검해야 하는 항목을 도면부터 세세하게 작성한다. 1차로 제작 업체가 먼저 점검해서 보낸다. 상당 부분 오류는 이때 걸러진다. 또 내가 실제 검수를 통해 잊어버리는 것 없이 디테일하게 점검하면서 오류를 줄일 수 있다. 마지막으로 실제 우리 회사에 설치하면서 추가 환경이 바뀌는 부분에 대해 동일하게 점검한다.

이렇게 하니 오류가 많이 줄고, 또 업체도 사전에 수정할 수 있어 비용을 줄이는 효과가 있다. 간혹 이런 내용을 알려줘도 놓치는 후배들이 있다. 자신이 경험을 통해 배우겠지만, 이때는 많은 비용과 시간을 낭비한 뒤라 후회하게 된다.

두 번째는 메일이나 보고의 오류를 줄이려고 노력하고 있다. 하루에도 서너 번은 보고를 검토하고, 많은 양의 메일을 본다. '바쁘니까 의미만 전달되면 되지' 하고 대충 작성해서 의사를 전달하는 사람들이 있다. "결과가 좋으면 되지, 바쁜데 형식이 무엇이 중요하냐?"고 반문하는 사람들의 이야기다. 어떻게 해서 문제는 해결되었는지 모르지만, 정확히 알고 해결되었는지는 의문이다. 우리는 바른 과정을 통해 올바른 결과물을 얻어야 한다. 그게 성과다.

'우리는 직장에저 오탈사나 숫자의 실수글 줄기이 위해 큰 노력을 한다.'

우리는 직장에서 오탈자나 숫자의 실수를 줄이기 위해 큰 노력을 한다. 또 이 실수를 줄이기 위해 이중, 삼중으로 검토해도 잘 보이지 않은 실수들이 있다. 앞서 문장도 얼핏 보면 내용을 전달하는 데 큰 문제가 없다. 하지만 인지했는가? 몇 군데의 오탈자 실수가 있다. 나 또한 작성한 문서에 오탈자가 없도록 여러 번 검토해도 오탈자가 발생할 때가 있다. 이때는 창피하다 못해 분함을 참을 수가 없다. 신기하게도 문서를 승인하는 상사는 한 번에 그 실수를 알아차린다는 것이다. 나도 지금은 후배의 문서를 검토하는 경우가 많다. 오탈자를 볼 때면 단순 실수보다는 신뢰 저하를 느낀다. 열심히 하고, 정성을 들인 최종 결과물에서의 실수는 가볍게 볼 일이 아니다. 이 부분을 디테일하게 마지막까지 챙겨야 하는 이유다.

정답은 없지만 내가 노력하는 부분이 있다. 나를 거치는 문서의 오류가 없도록 디테일하게 검토하는 것이다. 특히 회의 자료나 여러 부서가 같이 보는 공식적인 문서는 가능하면 프린트해서 다시 본다. 화면상으로 볼 때 빠르게 지나가는 부분을 다시 보는, 반복을 통해 오류를 잡을 수 있다. 또한 숫자의 오류를 줄이기 위해 간단하게 마지막 합계는 확인해본다. 가능하면 나열된 숫자의 마지막을 구하고, 이 부분이 맞는지 확인한다. 숫자의 특징이 과정의 오류를 마지막에 확인해볼 수 있다는 장점이 있다. 세부 데이터를 볼 수 없다면 합계를 통해 차선책으로 신뢰를 확보할 수 있다.

특히 리더는 돈과 관련된 숫자의 확인은 손수 점검해볼 필요가 있다. 모든 게 완벽해야 함은 경영에서 당연하다. 사소한 실수가 기업 경영을 어렵게 하는 경우가 있다. 경쟁력 있는 벤처 기업이 하루아침에 무너지는 경우를 본다. 상당수가 기업의 확장에 비해 디테일한 관리가 뒷받침되지 못해 발생하는 일이다. 디테일을 단순하게 실수나 오류 방지로 볼 것이 아니다. 대충대충이 아닌, 디테일한 업무가 몸에 밸 때 그 집단의 성과를 기대할 수 있다. 이미 과정에서 검증을 거쳤다는 방증이기 때문이다.

연서는 마치 자기 일처럼 좋아해주는 동구가 싫지만은 않았다. 동구는 무슨 일이든 추진하는 실행력은 우수한데, 디테일하게 계획을 수립하고 세심하게 관리하는 측면이 조금 부족하다고 생각하고 있었다. '언젠가 기회가 되면 자세히 알려줘야지' 하는 마음이 들고 있었다.

"연서씨! 자기처럼 디테일에 강해지려면 어떻게 해야 해?"

동구가 진한 카페라테 두 잔을 계산하며 묻고 있다.

"나도 이 부분을 보완하려고 최명호 팀장님에게 물어서 배우고 있어. 같이 일한 경험이 있거든. 그때 '일의 마무리에 꼭 충분한 시간을 가지고 다시 한번 점검해보라'고 알려주셨어."

사실 연서도 이전에는 계획적이지 않고 오류가 있었으나, 마지막을 다시 보는 습관을 배우며 좋은 평판을 갖게 되었다. 특히, 메일을 보내거나 보고서를 작성할 때 바쁘더라도 충분한 시간을 갖고 확인하는 습관을 들이고 있다. 초안을 작성하고 커피를 한잔 마시며 시간을 가지고 다시 보면 많은 부분에서 오류를 발견하고 줄일 수 있었다. 이때부터 상대를 먼저 고려하는 디테일이 좋아졌음을 스스로 느끼고 있다.

우리는 여러 사람과 부딪히면서 유독 긴장하게 만드는 사람을 보게 된다. 직장에서도 마찬가지다. 직접 같이 일을 하지 않는 사람이라도 어쩌다 공유된 메일에서 완벽하고, 세심하게 배려된 메일을 보면 작성자를 다시 보게 된다. 제대로 된 계획과 탄탄한 실행력을 보게 되면 상대를 인정한다. 일의 디테일이 중요하다는 것을 알고, 언제나 중심에 두고 실행하는 인재다. 일의 디테일을 챙겼다면 과정의 충실함을 담았다는 것이다. 모든 문제는 잘 드러나지 않는 디테일에서 성과 차이가 난다.

세세한 부분까지 계획을 세우고 시행한 결과이기 때문이다. 이 부분의 성과를 굳이 보이지 않아도 알게 된다. 자연스럽게 드러나기 때문이다. 숨겨진 디테일을 안다면, 당신은 진정한 인재로 거듭날 것이다.

생각만 하는 사람보다
실행하는 사람이 이긴다

요즘 다시 책과 씨름하고 있다. 책을 쓰기 위해 시간이 날 때마다 도서관에서 생각에 잠겨 있다. 책 쓰는 과정이 쉽지 않음을 알기에 섣불리 시작하지 못했다. 하지만 책을 저술한 이후의 자존감 상승과 보람을 알기에 마음은 이미 결정하고 있었다. 책을 쓰기로 마음을 굳히고, 3개월 동안 생각만 했다. '시작해야 하는데, 이제는 시작해야 하는데' 하는 생각이 이어졌다.

2개월이 지나면서는 초조해지기 시작했다. 무엇을 쓸 것인지부터 생각만 오랜 기간 했다. 지금도 책 쓰기로 나만의 공간에서 창작의 고통을 이겨내고 있다. 하지만 '참 잘했고, 다행이다'라고 나에게 말한다. 지금이라도 새롭게 도전하고, 그것을 실행할 수 있어서 다행이고 감사하게 생각한다. 아마 생각만 더 했다면 책 쓰기를 실행하지 못했을 것이라는 생각이 든다.

품질관리팀 천규동 과장의 어깨가 축 처져 있다. 좋은 성과를 낼 기회를 놓친 것 같아 평소와 다르게 의기소침해 있다. 지난해부터 반도체 수급 문제로 고객사에서도 결품으로 어려움이 많았다. 점점 더 악화하는 경향을 대비해야 했다. 반도체가 들어가는 부품의 호환을 미리 준비해야 한다고 3개월 전부터 생각하고 있었다. 하지만 데이터부터 계획까지 완벽하게 준비하려다 보니 생각만 오래하게 됐다. 혼자 성과를 내려는 욕심에 협업을 적극적으로 시행하지도 않았다.

"과장님! 이야기 들으셨어요? 과장님이 준비하시던 반도체 부품 호환 테스트를 연구소 김 과장님이 TFT 리더로 진행한다고 합니다."

내용을 비교적 자세히 알고 있는 강 대리가 걱정되어 이야기했다.

"응, 나도 이야기 들었어. 어제 팀장님에게 지금은 문제가 심각해서 전사 TFT로 연구소 중심으로 진행한다고 들었어. 내가 생각하는 시간이 너무 길었나 봐!"

사실 지시가 아니다 보니 혼자 '준비해서 보고해야지' 하면서 미루었다. 하루하루 생각만 하고 미루다가 타이밍을 놓쳤다. 평소 자기 것 잘 챙기기로 소문난 천 과장이었다. 그래서 좋지 않은 평판을 감수하고서도 자기주장이 강했다. 그러나 이번은 의외였다.

'왜? 빨리 하지 못했지?' 하는 후회로 천 과장은 머리가 지끈하다.

어떤 일을 잘하기 위해서는 깊은 생각을 통해 추진해야 오류 없이 실행할 수 있다. 무턱대고 계획 없이 일을 추진하면 비효율이 발생하고 혼란이 생긴다. 또 일을 벌이기만 할 뿐 마무리가 되지 않아 자존감이 낮아진다. 이에 따른 부정적 평판도 받아야 한다. 하지만 또 한편으로 생각에 너무 치중한 나머지 추진 동력을 잃어 실행하지 못하는 상황이 발생한다.

꼭 직장이 아니더라도 살면서 많은 일이 실행해야 결과가 있다는 사실도 간과해서는 안 된다. 성과나 결과 등 무엇을 얻고자 한다면 반드시 실행이라는 선행 조건이 있다. 누구나 실행 후에 성과를 얻고 보람을 느낄 수 있다는 사실을 잘 알고 있다. 또 그렇게 하고 싶은데도 몸이 움직이지 못하는 여러 가지 이유가 있다.

첫째, 실패에 대한 두려움 때문이다. 이미 경험했거나 학습해서 쉽지 않다는 것을 알 때 실패 이후를 먼저 생각하면서 망설인다. 쉬운 일이었고 결과를 성공적으로 얻을 수 있다는 확신이 있다면 주저하지 않는다. 무엇인가 새로운 일을 할 때 실패의 두려움은 언제나 있다. 얼마만큼의 준비가 필요할지, 평소에 생각을 통해 이런 경우 어떻게 해야 한다는 기준을 만들 필요가 있다.

나는 항상 60%를 생각한다. 가령 회사에서 문제가 발생되어 새로운 방법이나 방안을 찾아 처음 적용해볼 때는 60%를 기준으로 결정한다. 엄청난 투자비나 전사적인 방안은 다시 볼 필요가 있다. 승인이라는 단계를 거쳐야 하기 때문이다. 하지만 내가 결정할 수 있는 일에서 100% 완벽을 검토한 후 시행하려고 하면 그야말로 검토만 한다. 그래서 실행하지 못하는 결과를 얻는다. 조금 리스크가 있더라도 실행하면서 나머지는 개선하려고 한다. 안 하고 걱정만 하는 것보다는 실행이 우선이라고 생각한다. 또 실제 실행하면서 추가적인 리스크가 해소되는 경우가 더 많다.

둘째, 간절함의 부족이다. 누구나 좋은 생각을 하고 있다. 실행하면 결과가 좋을 것이라는 사실을 모르는 건 아니다. 하지만 실행하기 위해서는 그만큼의 희생과 고통이 수반된다. 그냥 저절로 얻어지는 것이라면 실행하지 못할 이유가 없다. 고통과 희생을 감내해야 할 만큼 필요를 느끼지 못하면 실행에 주저하게 된다.

우리가 생활에서 많이 접하는 상황을 예로 들면, 건강을 위해서 운동을 해야 하고, 식단 조절을 잘하면 건강해진다는 사실은 모두 알고 있다. 하지만 맛있는 음식의 유혹에 빠지고, 동료와의 친분이 즐거워 회식한다. 다이어트에 꼭 성공하겠다는 간절함보다 지금의 편안함이 더 좋기 때문이 아닐까?

앞서 사례의 천 과장도 성과를 내겠다는 자신의 과정에서 간절함이 부족했다. 만약 강력한 지시가 있었다면, 할 수 없이 실행했을 것으로 생각한다. 간절함과 절박함이 마르지 않도록 스스로 다독이는 능력을 키울 필요가 있다.

'시작이 반이다', '다다익선'과 같은 말의 공통점은 실행을 강조한 것이다. 완벽함, 절대의 양질을 생각하다 보면, 스스로 틀에 갇힐 수밖에 없다. 나도 좋은 글을 쓰고, 멋있는 문장을 써야지 하고 생각만 하면 손이 움직이지 못한다. 생각만 계속하고 몇 시간이고 맴도는 일이 다반사다. 이럴 때 내가 떠올리는 것이 있다. 미국의 유명한 베스트셀러 작가인 나

탈리 골드버그(Natalie Goldberg)는 자신의 책《뼛속까지 내려가서 써라》에서 너무 멋진 생각만을 담아내려면 아무것도 할 수 없다면서 "무조건 닥치고 써라"라고 말했다. 나는 이 말에 다시금 용기를 내어 실행하는 동력을 받는다. 내가 힘들 때마다 들여다보는 나만의 보물이다.

직장인들은 자신의 성과로 인정받고자 하는 마음을 누구나 가지고 있다. 하지만 잘 안되는 것이 인지상정이다. 실행하지 않아 후회하고 자존감이 낮아지는 것보다는 실패하더라도 도전하는 용기가 더 낫다. 실행에 도움을 주는 방법을 습득하면 개선할 수 있기에 몇 가지를 소개한다.

첫째, 목표와 계획이 모호하지 않도록 재점검한다. 결과만을 지나치게 생각해서 마음만 앞서면 조급해진다. 무엇을 헤야 하는지 혼돈이 온다. 작은 것부터 나누어 할 수 있고, 바로 시행이 가능한 부분부터 시작한다. 목표가 분명해야 방향성을 알 수 있고, 이에 맞추어 계획을 수립할 수 있다. 무엇인가 시작할 계획이 나누어지면 시작의 부담이 작아진다. 우선 시작하는 행동에서 자신감을 느끼게 된다.

둘째, 자신감을 통해 용기를 갖는다. 실패의 두려움에서 벗어나려고 노력해야 한다. 실패를 먼저 생각하는 것은 책임의 부담과 창피함의 관념에 집착하기 때문이다. 오히려 반대로 생각해보면 어떨까? '누구도 할 수 없는 일을 내가 먼저 해보는 건 도전이야!' 하고 속으로 말해본다. 실제로 내가 자신에게 반문하며 시작하는, 용기를 얻는 방법이다. 사실 60% 정도의 성공 확률이 높다고는 볼 수 없다. 하지만 60%의 확신과 나머지 40%의 부족함은 설득과 실행과정의 노력으로 보완할 수 있다.

셋째, 꼭 이루고자 하는 의지를 보인다. 자발적 주도성을 가져 완성할 수 있다는 긍정의 생각을 해야 한다. 혼자만 생각하면 저항을 만났을 때 주저하게 된다. 자신의 의지를 표현하면 많은 도움을 받을 수 있다. 내가 이용하는 방법은 일을 오픈하는 것이다. 회사에서는 일을 공유한다고 보면 된다. 내 생각과 계획을 동료와 상사에게 공유한다. 꼭 보고를 말하는 것은 아니다. "이런 이슈에 대해 나는 이런 방안으로 생각해보았고, 이런 계획이 있다"라고 말해본다. 그리고 혹시 다른 의견이나 더 좋은 의견이 있는지 물어본다. 언제 이것이 공론화될지 모르지만 내가 선점해서 주도할 필요가 있다.

  꼭 직장생활이 아니어도 '이걸 해야 하나? 하지 말아야 하나?' 하는 생각을 자주 한다. 사실 이때는 이미 했으면 하는 생각이 반은 넘은 것 같다. 중요한 결정이 걸린 사항은 다시 신중하게 보아야 하겠지만, 나는 일상의 상황은 가능하면 한다 쪽으로 결론을 내린다. 하지 않아 후회하는 것보다는 실행하는 변화와 경험을 통해 배우는 장점이 있기 때문이다.

  직장에서도 이런 질문을 많이 한다. 중요한 사항이 아닌 것 같은데도 물어보는 경우다.

  "메일을 보낼까요? 말까요?"

  "공유를 할까요? 말까요?"

  "보고를 할까요? 말까요?"

  이때는 이미 하고자 하는 자신의 마음이 있으므로 물어보는 것으로 판단된다. 이럴 때는 실행하고, 필요에 따라 결과를 공유하라고 한다.

실행에 중점을 두고 자기 결정권을 향상할 필요가 있다. 또 자신의 주도적인 리딩으로 충분한 동기부여를 받아 성장할 수 있다. 사소한 문제로 괜히 일을 벌였나 하는 경우도 있을 수 있다. 하지만 중간관리자인 내가 수습하면 될 만한 사항으로 이런 경험을 통해 당사자는 더 큰 결정을 할 수 있다. 이런 훈련 과정을 거쳐 리더로 성장한다면 더 큰 판단을 하지 않을까?

나는 직장에서나 사회에서나 어느덧 중년이라는 위치에 있게 되었다. 더 잘했더라면 하는 아쉬움과 후회가 있는 것이 사실이다. '이때 이걸 했어야 했는데' 하는 생각이 많이 든다. 분명 생각은 했고, 실행하려고 했으나 지나오고 보니 결과가 없다. 실행하지 않았기 때문이다. 너무 많은 생각으로 조건과 완벽한 결과만을 추구했기에 실행이 후순위가 되어버렸다. 어느 것 하나 중요하지 않은 것은 없다. 하지만 중요한 것은 실행해야 결과나 성과가 있다는 명제다. 지금의 성공한 위인들도 수많은 실행에서 얻은 소수의 성공이 뒷받침됐다. 오늘 생각하는 것이 있다면 바로 실행해보라. 실패의 두려움이 아니고 도전하는 용기를 스스로 갖출 때 희열을 느낄 것이다.

일을
대충 처리하지 마라

문제가 발생했는데 같은 문제가 계속 거듭되는 경우가 있다. 어떨 때는 화가 너무 나 속상한 마음이 든다. 더 속상한 경우는 따로 있다. 내가 문제를 막고자 정성 들여 분석해서 조치했는데도, 문제가 발생했을 경우다. 이럴 땐 무척 화가 나다가도 나중에는 측은한 마음이 든다.

오늘 비슷한 경험을 했다. 지난주에 제품을 만드는 기계에서 고장이 발생해서 몇 시간 정지되었다. 원인을 분석해서 대책을 수립했는데 이틀 후 또 발생했다. 그래서 이번에 내가 분석해서 방안을 알려주었다. 그런데 오늘 또 고장으로 두 시간 동안 제품을 생산하지 못했다. 사실 이번에 두 시간 정지보다는 내가 분석했는데 또 고장이 발생한 것이 창피했다. 일을 대충 분석하지 말고 계획을 세워 원인을 정확히 분석하라고 말했던 나다. 이번 일로 대충 알려준 대가를 톡톡히 치르고 있다고 생각했다.

'밤새 안녕'이라는 이야기가 있다. 찌뿌둥한 몸으로 일어나 습관처럼 카톡을 보았다. 많은 양의 카톡이 있어, 동구는 놀라기도 하고 궁금해서 열어보았다. 밤사이 품질문제가 발생해서 고객사에 영향이 없도록 여러 부서가 대응했다. 자세히 들여다 보니 협력업체 자재문제로 구매부서의 움직임이 분주했다. 부품의 크랙문제로 안전에 영향을 주고 있어 여간 민감한 사항이 아니었다.

"연서씨!, 고생이 많아. 크랙문제라고 들었는데, 원인이 나왔어?"

동구는 연서가 걱정되어 아침 출근길에 운전하며 휴대폰으로 안부를 물어보고 있다.

"아니, 아직이야. 밤새 고객사 라인에 영향이 없도록 이전 대체품으로 교체하고 있어. 업체에서도 조사하고 있지만, 워낙 영세해서 원인을 파악하기에 역부족이야."

"그래. 다행이네! 고객사에 영향이 없어서. 그래도 걱정이네. 원인을 알아야 대책을 수립할 텐데…."

"동구씨, 혹시 원인 분석 스킬 좀 도와줄 수 있어?"

"글쎄. 나도 남에게 알려줄 수준은 안 되거든. 가만, 우리 팀장님이라면 도움을 줄 수 있을 것 같아. 워낙 분석력이 뛰어난 분이잖아."

"응, 알겠어. 업체에서 진행하는 원인 분석 사항을 지켜보고 최명호 팀장님에게 도움을 요청할게."

연서의 목소리가 힘이 없다는 생각이 들어 동구의 안색이 좋지 않다.

"응, 강 대리. 권연서 대리 전화는 받았어. 아직 원인이 밝혀지지 않았다고 하던데, 우선 FTA 분석 기법을 사용해서 분석하라고 알려줬어."

"네, 팀장님. 감사합니다. 원인 분석하면 바로 우리 팀장님이시잖아요."

"누가 연인 아니라고 할까 봐! 권 대리 일이라면 열성이야 강 대리도! 이번에 잘 배워둬요! 우선 원인 분석에 많이 사용하는 FTA와 5WHY 기법을 공부해보면 좋을 거야."

동구는 불량 발생 건으로 몇 번 팀장에게 원인 분석법에 대해 듣기는 했다. 하지만 실제로 충분한 시간을 가지고 적용해보지는 못했다. 이번에 잘 배워야겠다고 다짐한다.

뉴스나 신문기사를 보면 먼저 발생한 현상을 그대로 전달한다. 뉴스는 그 자체로 빨리 전달하는 것 자체가 의미가 있다. 주로 현상과 피해 규모 정도를 전달한다. 원인이나 대책은 그 후속 문제다. 듣는 이가 마지막까지 들어 파악하지는 않기 때문이다. 또 경찰이나 국과수처럼 원인을 파악하는 곳은 따로 있다.

그러나 회사에서 내가 하는 업무에 품질문제나, 안전사고, 기타 조사사항 등 대책을 수립해야 하는 일이 발생한다면 상황이 달라진다. 내가 원인을 조사하고, 대책을 수립해서 재발하지 않도록 후속 조치를 해야 하기 때문이다. 이런 일에 익숙하지 않을 때 다음과 같은 일이 많이 발생한다. 신입사원들은 거의 동일한 수준으로 말한다.

"A라는 일이 발생했습니다. 그래서 B로 긴급 조치해서 마무리까지 했습니다."

"그래요. 현상은 확인했나요? 정확한 원인이 무엇이었나요?"

"현상은 직접 보지는 못했고, 원인이요? 어! 다시 확인해보겠습니다."

현상만을 말하게 되고, 중계방송하는 듯 전달하려고 한다. 이것도 습관이다. 바로 나쁜 습관이다. 업무를 배울 때 제대로 배우지 못했다. 이 부분에 대한 준비를 평상시부터 해두어야 한다.

원인을 분석하는 기술은 많다. 회사마다 당면한 문제가 상이하지만, FTA(Fault Tree Analysis, 고장 트리 해석)와 5WHY(파이브 와이)를 주로 사용한다. 이 부분만 충분히 습득해도 원인파악에 도움이 된다.

첫째, 'FTA 분석 기법'은 불량이나 고장 등 이상 현상에 사용한다. 현상에 대한 원인을 찾아야 하는데 막연할 때 적용해보면 유용하다. FTA 분석 기법은 실패 그 자체뿐만 아니라 다양한 잠재적 원인을 평가하기 위해 AND 또는 OR과 같은 논리를 통한 하향식 접근 방식을 사용한다. 문제 발생 이전 상태와 문제 발생 이후 상태를 비교해서 분석한다. 즉, 시스템의 실패를 발생시키는 이상 상태와 문제가 되지 않은 정상 상태의 조건을 비교해서 인과관계를 찾는 분석법이다. 정의를 먼저 상위에서 내리고 분석하는 기법으로 '연역적 분석'을 한다. 다 펼쳐놓으면 논리 기호를 따라 나뭇가지 모양으로 표현된다.

둘째, '5WHY 기법'이다. 일명 '왜-왜 분석 기법'이라고 한다. 문제 발생 시 '어떻게'를 대변하는 조치 위주를 탈피해서 '왜'를 물어 근본 원인을 찾는 과정이다. 쉽게 설명하면, '5WHY' 기법은 문제에 대한 1차 원인을 찾은 후 1차 원인이 발생한 2차 원인을 찾는다. 이렇게 반복해서

5차 원인까지 찾는 과정으로 진행한다. 반복해서 5차 원인까지 찾게 되면 마지막으로 찾은 5차 원인이 문제의 가장 핵심적인 원인이고, 이것을 제거하면 문제가 된 근본 원인을 해결할 수 있다는 논리에 근거하고 있다.

실제 미국 워싱턴 D.C.에 있는 '제퍼슨 기념관'에서 발생한 이야기는 '5WHY 기법'을 이용해서 근본 원인을 제거한 좋은 실제 사례로 많이 이야기된다. 제퍼슨 기념관은 부식으로 인해 방문객들의 불만이 이어짐에도 해결이 되지 않고 있었다. 부식의 원인은 비둘기 배설물을 제거하는 데 사용한 세제였다. 그래서 기념관에서는 비둘기에게 먹이 주기를 금지했다.

그런데도 부식은 계속되었다. 비둘기는 사람들이 주는 먹이가 문제가 아니라 그 주변에 사는 거미를 먹었기 때문이다. 그래서 왜 거미가 많은지를 면밀히 분석했더니 거미들의 먹이인 나방이 많았다. 그 나방들은 제퍼슨 기념관의 불빛을 보고 모여든 것이었다. 결국, 제퍼슨 기념관에서는 불을 2시간 늦게 점등함으로써 이 문제를 해결했다. 5WHY를 이용해서 계속해서 원인을 파고들면서 해결한 사례다.

내가 근무하는 회사는 제조업으로 상당히 많은 설비가 있다. 설비가 방대한 것에 비해서는 고장이 적을지라도 불규칙하게 발생하는 고장에 대한 대응은 아직 완벽하지 못한다. 고장이 발생하면 조치에 많은 시간이 소요되지만, 원인을 알면 힘들지 않다. 하지만 원인을 바로 알기가 쉽지 않다. 후배 사원들의 경우 현상은 잘 아는데, 원인을 찾으려는 노력이 부족하다. 아니, 습관화되지 않았다. 나는 이 부분에 대해 계속해서 지도하고 있다. 최근에도 실제 발생한 고장으로 FTA 기법을 이용해 원인을 분석했다. 중요한 것은 문제를 문제로 보고 각가지의 원인 분석 기법을 알아 적용해보는 것이다. 그리고 경험과 누적을 통해 바로 사용할 수 있도록 이해하고 습관화해야 한다.

신입사원이 들어오면 내가 꼭 해주는 이야기가 있다. 같은 팀원이 아니더라도 기회가 되면 알려준다. 신입사원을 포함해 초급사원 시절에는 정확히 제대로 배우기를 당부한다. 모르는 것은 모른다고 하면 선배는 진실한 마음으로 알려줄 필요가 있다. 대충 흉내 내는 업무로는 두 번 일해야 하는 수고가 발생한다. 또 당장 나타나지 않지만 제대로 하지 않은 업무는 언젠가 문제가 된다.

선택하고 판단해야 하는 회사로서는 비효율이 발생한다. 더 큰 문제는 당사자가 제대로 모르는 상황이 이어지면 부작용이 발생한다는 것이다. 잘 알지 못해서 더 성장하지 못하는 문제가 발생한다. 또 자신이 주도하지 못해 자신감 저하로 이어진다. 동기부여를 받지 못해 성장이 멈추어 인재를 잃어버리고 만다. 일을 대충 배운 대가를 반드시 치르는 부작용을 경계해야 한다.

미국의 스탠퍼드대학교 심리학과 교수인 캐롤 드웩(Carol S. Dweck)이 성장을 주제로 저술한 《마인드셋》에서는 "배움을 사랑하라"고 조언한다. 인간은 변화를 경험하며 끊임없는 배움으로 성장함을 강조한다. 우리가 새롭게 만나게 되는 세상은 다양한 경험을 해야 하고, 그 속에서 실패와 성공을 통한 배움의 연속임을 알려주고 있다.

우리는 일을 대충 처리하는 것은 무지라고 생각한다. 일을 대하는 제대로 된 방법과 마인드셋이 부족하므로 진정성을 가지고 일을 대하지 못하는 것이다. 각자의 일에 대해 프로세스와 이를 대하는 마인드셋을 진지하게 배워야 한다. 또 이를 제대로 교육해야 하는 의무도 있다고 생각한다. 지금은 나 자신의 마인드셋도 성장시켜야 하고, 또 지도해야 하는 이중의 위치에 있다. 그래도 아직 배움에 목말라 있어 다행이다.

최 팀장의 FTA 지도는 효과가 좋았다. FTA 분석에서 크랙에 영향을 준 것은 많은 요인 중 온도 조건이었다. 실제 온도보다 낮은 조건에서 제조가 이루어지는 불합리가 있었다. 큰 불량에 비해 빠른 시간에 원인 분석과 대책을 수립할 수 있어 다행이었다. 동구가 더 안도하는 이유를 최 팀장은 안다는 듯 빙그레 웃고 있었다.

대부분 "원인이 무엇입니까?" 하고 물으면, "잘 모르겠습니다"라고 한다. '그걸 알면 벌써 해결했지, 그걸 어떻게 알아요?'하고 속으로 생각할 것이다. 하지만 일이 벌어져 현상을 파악하는 단계서부터 '왜 발생했을까?' 하고 생각하며 파악하는 습관은 중요하다. 우리가 일하면서 '왜' 이것을 하는지 의문을 가지고 있어야 근본 목적에 맞게 접근한다. 바로 대충 처리하지 않는, 일을 대하는 마음가짐이다. 자기 일에 정성을 들여야 가치 있게 제대로 이루어진다. 그냥 주위에 휩쓸리고, 시키니까 하다 보면 목적을 잊어버리고 만다. 내 생각으로 일을 추진하지 못하고 단순 이행만 한다. 그것이 맞는지, 틀리는지도 모르고 말이다. 자기의 생각을 펼치기 위해서는 항상 '왜'를 먼저 묻는 습관을 들여야 한다. 그렇게 하면 일의 품질이 달라지고, 평판이 따라온다. 인재는 눈으로 보고 말하지만 머릿속에서는 항상 '왜?'를 생각한다. 대충 처리한 업무란 있을 수 없다.

회사에 왔으면
밥값을 하자

대부분 사람은 하루에 세끼를 먹는다. 아침, 점심, 저녁, 어느 식사나 중요하지 않은 것이 없다. 아침을 든든하게 먹어야 한다고 어른들은 이야기했다. 힘을 많이 쓰는 농경사회에서는 필요했다. 지금은 저녁을 중요시한다. 저녁이 있는 삶을 강조하는 것은 현재의 추세다. 지금은 못먹어서 고민한다기보다는 어떻게 먹느냐를 중요시한다. 한 끼를 먹어도 시간과 비용을 투자해서 맛집을 찾는 이유다. 가끔 예능프로를 보면서 궁금한 사항이 있었다. 유명 먹방(먹는 방송의 줄임말) 유튜버들은 도대체 식비가 얼마나 될까 하는 것이다. 밥값을 해야 한다고 생각하는 나로서는 많이 먹는다는 것은 그만큼 일을 많이 해야 하는데, 그런 생각을 해본다.

반도체와 관련해서 수급 불안으로 예측이 어려운 상황에서 제조, 구매, 생산관리, 품질 담당자들이 모여 대책을 수립하는 자리였다. 팀장들이 조금 늦게 참석하는 사이 먼저 회의가 진행되었다. 생산관리부의 맹 차장이 주관하고 있지만, 집중이 되지 않고 있다.

동구 : 이따 점심 때 A 코스 먹자. 삼겹살이래.

연서 : 아니, 난 B 코스. 건강식 먹을래, 다이어트 해야 해!

동구 : 어, 그래! 아쉽지만 할 수 없지. 나도 B 코스로. 역시 삼겹살은 저녁 이지!

심각한 내용에 비해 회의에 집중하지 않는 이가 대부분이었다. 카톡을 하는 사람, 유튜브를 보는 사람, 주식을 하는지 탁자 밑으로 연신 휴대폰을 보는 사람이 있었다.

동구는 깜짝 놀랐다. 최 팀장이 어느 틈에 들어와서 동구에게 "회사에 왔으면 밥값을 해야죠!"라고 카톡을 보낸 것이다. 마치 연서와의 대화를 엿보기라도 한 것처럼 '회의 집중'을 지적했다. 최 팀장과 눈이 마주치자 자신도 모르게 몸이 바르게 세워졌고, 긴 한숨이 나왔다.

"회사에 출근하면 회의 참 많이 하지 않나요?"라는 질문은 나에게 하는 질문 같다. 회의를 줄인다고 해도 많은 편이다. 중간관리자로서 참석하는 회의도 있고, 내가 주관하는 회의도 있다. 회의 내용에 따라 내가 주관하지 않으면 내 부분만 발표하고 듣는 경우도 있다. 아니면 나와 직접적인 관련 사항이 적지만 특별히 참석하는 회의도 있다.

이런 회의에서 앞서 사례와 같이 휴대폰을 계속 보지 않는가? 일부는 휴대폰을 대놓고 보는 사람도 있고, 수시로 휴대폰을 만지는 사람도 있다. 혹시 카톡이 오지 않았나, 연락은 없나, 습관적으로 보는 사람 말이다. 지금은 휴대폰 없이 생활하는 것을 상상하기 어렵다. 집중에 많이 방해되는 것은 사실이다.

하지만 이미 일에서도 휴대폰이 필수품이 된 지 오래다. 일부 일의 진행 상황을 공유하며 카톡으로 정보를 공유한다. 그러니 급한 사항들이나 동료들과 정보교류를 하지 말라고 하기에는 시대적 상황과 잘 맞지 않는다. 다만, 사용 에티켓과 공과 사를 구별하는 자기 조율이 필요하다.

회사에서 할 일이 많이 몰리는 시기가 있다. 특별한 프로젝트나 지시를 받아 마감해야 할 때, 또는 보고서 작성이 임박할 때도 마찬가지다. 현장과 같이 일하는 업무라면 현장 돌발상황과 중복될 때 참석하기 어렵게 된다. 이때 가장 기쁠 때가 회의 취소를 알리는 메일이나 카톡을 받았을 때로, 이때의 기분은 마치 해방된 느낌이다.

바쁠 때는 그 시간 만큼, 대략 1시간을 번 느낌이 든다. 나도 많이 공감되는 상황이다. 특히 까다로운 회의가 취소되면 더욱 좋고, 연기만 되어도 당장은 기분이 좋아지는 것은 직장인의 비애가 아닌가 생각한다.

직장인은 회사에서 많은 일을 한다. 회사에 왔으면 자신의 맡은 바 업무를 완수해야 하는 것은 당연하다. 흔히 직장인은 해야 할 일을 밥에 비유한다. 상사가 "밥값 좀 해라"고 하면 사실 기분 좋은 소리는 아니다. 자신의 주어진 업무를 잘하라는 말이다. 상사가 생각할 때 일의 품질이 좀 부족하다는 이야기다. 일종의 메시지므로 잘 새겨들어야 한다.

또 식당에서 밥과 일에 관련된 농담을 한다. 식사를 많이 담으면 한마디한다.

"A 대리, 오전에 일 많이 했구나! 많이 먹어!"

A 대리가 넉살 좋게 받아넘긴다.

"아닌데요. 오전에 하지 못한 일, 오후에 많이 하려고요. 열심히 하겠습니다. 많이 드세요!"

회사에 왔으면 일을 제대로 해서 자신의 맡은 바 임무를 잘하라는 이야기다. 문제는 자신은 제대로 한 것 같은데도 밥값을 했느냐는 질문을 받을 때다. 일의 품질과 관련해서 생각해본다면 가벼운 문제는 아니다. 자신의 밥값을 생각해보아야 한다. 자신은 저렴한 자장면을 밥값으로 생각했다면 역할을 다한 것이다. 하지만 상사의 입맛이 까다로워 상사는 고급 한우 요리를 밥값으로 생각한 것은 아닐까 하는 생각을 해봐야 한다.

어쨌든 배고픈 고객을 만족시켜야 밥값을 받을 수 있다. 상사의 품질에 나의 일이 만족스러운지 주기적으로 생각해보고, 점검하는 피드백을 받아야 한다. 일 잘하는 인재들이 파악하는 자기진단법이다. 그렇다면 회사에서 자신의 밥값을 높이려면 어떻게 해야 할까? 몇 가지 일하는 방식을 습득해서 성과를 낼 수 있어야 한다.

첫째, 자기 일을 정의할 수 있어야 한다. 자신이 해야 하는 일이 무엇인지 명확히 알아야 한다. 열심히 한다고 엉뚱한 일을 해서는 소용이 없다. 자신이 맡은 역할이 무엇인지 내 업무가 주변의 동료에게 어떻게 영향을 미치는지 정확히 알아야 한다. 내 부족한 업무로 피해를 보는 사람은 내 고객이다. 역할을 정확히 안다는 것은 해야 하는 일을 잘 정의한 상태다.

둘째, 성과 프로세스를 이해해서 결과물을 만들어야 한다. 회사에서는 일해야 한다. 일했으면 결과물이 있어야 한다. 바로 성과를 말한다. 성과를 내는 일련의 과정을 정확히 알고 있어야 양질의 결과물을 만들 수 있다. 두루뭉술하게 "열심히 했습니다", "밥값을 했습니다" 하는 아마추어에서는 벗어나야 한다.

결과물에 대한 목표와 계획을 공유한다는 것은 앞으로 이루어질 성과에 대한 과정을 미리 알고 있다는 것이다. 여기서 한 가지 중요한 진실이 있다. 목표와 계획은 공유될 때 가치를 가진다. 자신만 아는 목표와 계획은 의미가 없다. 공인된 문서는 공증을 받듯이 목표와 계획도 공유되어 검증을 받아야 한다. 이것은 일의 가치를 검증받는 것이다. 능력과 역량을 키워 의도된 계획대로 실행해야 한다. 결과물은 실행해야 얻는 가치다. 이때 내가 계획한 일의 철저한 검증 과정을 거쳐 결과물을 얻어야 실행력을 검증받을 수 있다. 우연한 행위로 결과가 좋은 것을 말하는 것이 아니다. 이후 성과를 얻었다면 피드백을 통해 평가를 받아야 한다. 초기 목표와 계획대로 이루어졌는지 성과의 일치성이 있는지 확인해야 한다. 또 부족한 부분은 그 나름대로 분석해서 차후 성과 프로세스에 보완한다. 이런 일련의 반복된 습득의 경험을 통해 성과를 완성한다.

셋째, 도전의 경험이다. 일의 품질이 다르고, 요구하는 고객의 입맛도 모두 다르다. 그 다름의 정도를 알아야 내 입맛도 알 수 있다. 먹어보지 않고는 맛을 알 수 없고, 밥값도 매길 수 없다. 기회가 있을 때마다 다양한 도전을 해야 한다. 내 일이 아니라고 미루거나 거절하게 되면 나중에 기회조차 얻지 못한다. 즉, 경험하지 못하는 문제가 생긴다. 한 번에 모든 것을 얻는 방법은 없다. 누구든 작은 모험과 실천이 시작이다. 성공자의 경험을 들여다보자. 초기의 어려움을 이겨내고 반복적인 노력과 끈기가 있었기에 지금의 성공을 경험했다. 직장에서도 예외는 없다. 하나하나 확장하며 습득해야 한다.

회사에서 일하며 많은 이들이 어려움을 호소하는 부분이 보고다. 보고의 품질과 일정이 늦어지면 부정적 인식을 받는다. 분명히 보고 준비 중인데 밥값을 못한다는 인식으로 돌아온다. 일종의 소통 문제인데, 이를 돌파하는 내용을 정리해본다.

직장에서 일 잘하고, 성과를 잘 내는 평판 좋은 인재들을 관찰해보면 공통적으로 소통을 잘한다. 그들은 중간 보고를 잘 이용한다. 상사는 항상 불안하다. 지시는 했는데, 잘 이해했는지, 일정대로 하고 있는지 궁금하다. 매번 물어보기도 힘들다. 잔소리를 하고, 간섭하는 것으로 오해하고 주관을 뺏을까 해서 궁금하지만 참고 있다. 지시한 사람의 속마음이다.

중간 보고가 필요해서 실행하려고 해도 방법을 잘 모르는 사람이 있다. 내가 이용하는 몇 가지 방법을 소개한다. 정해진 방법은 없지만, 내용에 따라 다양하게 이용하고 있다.

첫째, 구두 보고다. 굳이 형식이나 격식을 갖추지 않아도 된다. 자신이 이해한 사항과 방향을 제시해서 확인하는 수준이면 좋다. 빠르게 피드백을 받을 수 있어 스피드하다. 또 방해받지 않고 시행할 수 있다는 장점이 있다. 다른 미팅 회의실이나 식당 등 마주친 사항에서 자연스럽게 다가가 상사에게 진행 상황을 공유할 수 있다. 내가 제일 잘 이용하는 방법이며 효과 또한 좋다. 상사는 의외로 외롭다. 누군가 다가와 말을 걸어주는 자체로 이미 긍정을 얻는다. 이후는 술술 풀린다. 다만 주의사항은 심각하게 고민해서 결정해야 할 복잡하고 어려운 문제를 가볍게 해서는 오히려 역효과가 날 수 있다.

둘째, 중간 보고서를 진행한다. 1차 검토 결과 변수를 발견하고 일정이 지연되는 등 지시 이행에 문제가 있을 때, 그 이유와 계획을 중간 보고서 형태로 보고한다. 가능하면 복잡한 문제일 때는 대면 보고로 진행하는 것이 좋다. 직접 지시자와 토론하고 향후 계획과 방안을 줄 기회다. 지시자가 있는 곳까지 가기가 어렵지 막상 상사 자리에 다가가면 반은 성공이다. 진행의 어려움과 지원 등 속마음을 마음껏 요청하는 방법이다.

셋째, 메일이나 SNS 등 온라인 소통 방법이다. 이것은 무엇보다 시간에 제약을 받지 않는다는 특징이 있다. 아침에 바로 알아야 하는 사항이라면 전날 퇴근 후라도 보고할 수 있다. 또 말로 전달하기 어려운 데이터나 용량이 많은 자료를 공유해서 이해를 통해 소통할 수 있는 강력한 장점이 있다. 요즘은 즉각적인 소통인 카톡 등 SNS를 통해서 실시간으로 보고할 수도 있다. 이 또한 양방향 소통이 시간 제약 없이 가능해 많이 이용한다. 내 생각을 충분히 가진 후, 그 내용을 전달할 수 있어 논리가 탄탄한 중간 보고를 할 수 있다. 또 늦게까지 일하면 열심히 한다는 긍정의 평판을 받는다.

직장에서 우리는 일을 밥값에 비유한다. 사람은 누구나 당연히 밥을 챙겨 먹듯이 회사에 오면 당연히 자신의 역할에 맞는 일을 했는지 묻는 것이다. 맛있게 점심을 먹듯 자신의 역할에 맞게 일을 해야 한다. 단, 경계해야 하는 것은 자신의 수준과 자신을 바라보는 눈높이가 맞는지 수시로 피드백을 받아야 한다는 것이다. 자기 일에 자긍심을 느끼고 평가를 받으면 다행이다. 때때로 성과를 얻는 프로세스를 점검한다. 출근해서 열심히 일한 자신의 성과를 인정받지 못하면 정확히 인지해야 한다. 이에 맞는 품질의 일을 제공해야 한다. 값싼 밥값에 만족해서는 성장할 수 없다. 제대로 된 업무로 일의 품격을 높여야 한다. 지금 당신의 밥값은 얼마인가?

능력이 아니라
역량을 높여라

집에서 편안한 휴식을 취하고 있을 때의 일이다. 가족이 영화 〈어벤져스〉를 보고 있어서 같이 보게 되었다. 몇 번을 보아도 흥미진진하게 느껴져 재미있게 보았다. 이 영화의 다양한 초능력을 가진 히어로들을 보면서 누가 더 센지 아이와 토론한 적이 있다. 한참을 이야기하다 문득 이런 스토리와 히어로는 누가 기획하나 하는 생각이 들었다. 현실의 일도 복잡한데, 상상을 발휘하는 작가와 이를 기획하는 이들의 능력을 다시 생각했다. 지금은 회사에서 내가 잔소리같이 이야기하는 사항과 중첩되었다. 능력을 키워 역량을 발휘하라고 반복적으로 말하고, 현실의 일에 대해 더 잘하는 능력을 키우라고 조언하고 있었다. 정작 나의 능력은 무엇이고 역량은 어느 정도인지 궁금했다.

적색의 그래프를 보며 최 팀장의 안색이 어두워졌다. 최근 3주간 생산성이 낮아지는 현상을 그대로 보고만 있는 강 대리를 향해 최 팀장이 월간 생산 현황을 보며 말했다.

"강 대리, 요즘 생산성이 계속 낮아지고 있는 거 알아요?"

"네, 팀장님! A 공정의 잦은 고장 때문입니다. 임시조치는 했는데 근본적으로 개선이 필요할 것 같습니다."

동구가 나름대로 현재 상황을 설명했다.

"개선 방안은 검토된 건가요?"

"네, 작년 투자 예산 수립 시 검토한 내용이 있습니다. 어떻게 할까요?"

"현재 고장의 빈도가 높아져 개선이 필요하고, 방안도 검토가 되어 있다. 더구나 예산도 확보가 되어 있다. 강 대리는 근데 꼭 남의 이야기를 하는 것 같네. 강 대리 생각은 어때요? 개선해야 한다는 거야? 어떤 거야?"

"네? 고장을 줄이려면 투자를 통한 개선은 해야 할 것 같습니다."

"강 대리! 역량을 좀 키워! 온통 가정만 하잖아! 문제를 해결하는 역량을 키워봐요. 자신감을 가지고 일할 수 있게!"

최 팀장은 자신의 라인을 주도적으로 해결하지 못하는 강 대리가 아쉬웠다. 심성이 착한 데다 일의 역량까지 더하면 금상첨화라고 생각했다. 좀 더 체계적으로 가르쳐 스스로 역량을 발휘하도록 지도해야겠다고 최 팀장은 생각한다.

사실 이런 사례는 회사에서 흔하게 발생하는 상황이다. 주도적으로 문제를 풀어나가지 못하는 경우다.

"이렇게 해야 할 것 같습니다. 이렇게 하면 문제가 될 것 같습니다."

좋은 의견이고 문제를 알고 있어 그나마 다행이다. 문제는 딱 여기까지라는 것이다. 문제를 인지했고 개선하고자 한다. 그러면 이어서 설득하고 추진하는 일련의 과정이 있어야 결과물을 얻는다. 하지만 말로는 이렇다 이야기하고 끝이다.

"내 이럴 줄 알았어요. 지난번에 문제가 된다고 이야기했잖아요!"

이런 사람들의 특징은 실행하려 하지 않고 이렇게 문제를 경고했다고 뒤늦게 말한다. 문제의 원인을 타인으로 돌린다. 물론 실제 실행을 하려면 승인이나 결정의 과정을 거쳐야 한다. 이런 일련의 과정을 어떻게 해야 하는지 모르는 사람들이 있다.

사례의 강 대리같이 일의 추진을 주저하고 리딩하지 못하는 사람이 있다. 문제를 놔둘 순 없으니 임시조치나 현상 유지 정도는 한다. 하지만 개선을 선도하고 결과물을 얻어 문제를 해결하는 데는 부족하다. 입사한 지 얼마 안 되는 신입이나 초급사원이면 배우는 단계다. 하지만 과장 이상의 경력직원은 스스로 문제를 풀어나가는 능력을 겸비해야 한다.

어느 정도 문제를 인지해서 해결하려 하지만 주도하지 못하는 것은 역량이 부족하기 때문이다. 임시조치나 누군가가 이걸 이렇게 하라고 정해놓으면 할 수는 있다. 한 번 본 적은 있고 물어서 할 수 있다. 능력은 있지만, 전체적인 조율과 설득에서 막히는 것은 역량이 수반되지 않기 때문이다.

역량은 문제를 해결할 수 있는 일련의 행위를 말한다. 문제를 풀 수 있는 힘을 능력이라고 한다. 능력을 갖추는 것도 사실 대단한 힘이다. 반복적인 업무를 수행하고 경력이 쌓이면 능력은 쌓을 수 있다. 하지만 역량은 다른 부분이다. 역량은 해낼 수 있는 능력에 풀어가는 힘이다.

능력을 갖춘 상태에서 해결할 수 있는 기획력이 더해질 때 역량이라고 한다.

　나는 역량의 중요성을 알고 있다. 누군가 지시하지 않고 내가 문제를 인지해서 추진한다. 몇 번의 경험에서 결과물을 보았을 때 희열을 느낀다. 2년 전 제조 공정을 획기적으로 개선한 경험이 떠오른다. 내가 근무하던 공정에서 제일 작은 부품으로 문제가 있었다. 워낙 부품이 작다 보니 놓치는 경우부터 해서 조립 과정에서 고장이 잦았다. 사실 몇 년 동안 개선하려 했으나 적절한 아이디어가 떠오르지 않아 추진하지 못했다. 이때는 능력이 없었다. 임시적인 개선이야 임기응변으로 했지만 근본적으로 개선할 확신이 없었다.

　아이디어는 다른 곳에서 찾았다. 해외 법인에서 근무 시 그곳의 공정에서 아이디어가 떠올랐다. 워낙 복잡한 공정이다 보니 고장이 잦았다. 또, 한 공정으로 묶여 있으면서 고장이 나면 전체 공정이 정지되는 불합리가 있었다. 해외 법인에서는 공정을 분할해서 문제를 해결했다.

　문제를 풀 수 있는 방법은 찾았지만 어떻게 설득하고 결정을 얻느냐의 또 다른 문제가 있었다. 고장이 있다고는 해도 아직 사용하는 공정이고, 투자비도 사실 많이 들었다. 하지만 공정의 콘셉트를 가지고 개선의 확실한 성공을 바탕으로 설득했다. 투자비가 들더라도 고장과 에러를 완벽히 제거해서 효율 상승효과를 얻을 것이라는 점으로 설득했다. 물론 일련의 과정이 쉽지 않았다. 하지만 내가 주도하지 않으면 추진되기 어렵다는 것을 알았다. 그리고 여러 제반적인 문제들을 설득하고 풀어나가는 나의 역량을 보여주고 싶었다. 새로운 도전을 통해 인정을 받으며 나의 역량을 통한 더 큰 목표에 도전할 수 있다는 것을 알았다.

지금은 설치 후 고장과 에러가 없어졌다. 공정의 효율이 한 단계 상승했다. 이 제조 공정은 차후 표준이 되었다. 나의 역량을 나는 인정한다. 주위 동료도 추진력과 역량을 인정하고 있다. 단순히 할 수 있는 능력에 더해 설득과 조율을 할 수 있어야 역량이라고 말한다. 자신의 역량을 펼친 후 받는 평판은 이루 말할 수 없이 기쁘다. 자신만 아는 희열이다.

사례에서와 같이 나는 역량을 향상하기 위해 여러 일을 주도했다. 이렇게 자신이 주도하게 되면 자연스럽게 역량이 향상된다. 일만 보는 게 아니라 풀어야 하는 앞을 보려는 습관이 든다. 내가 경험을 통해 터득한 역량 향상 방법을 설명해보면 이렇다.

첫째, 추진되는 일의 전체를 보아야 한다. 일의 전체를 보는 것은 시야가 넓은 것이다. 부분이 아닌 전체를 보고 이해해야 숨은 고수를 만날 수 있다. 일을 해결하려면 다양한 관계인을 만나야 한다. 전체 관련된 인원과 일정을 나름대로 정리해야 한다. 그래서 이 프로젝트에서 전체를 보는 눈과 설득해야 하는 사람을 돌아볼 필요가 있다.

둘째, 풀려고 하는 일의 프로세스를 점검해야 한다. 역량이 높은 사람은 풀어내는 힘이 있다. 프로세스를 이용해서 근거를 만든다. 문제의 원인을 정확히 알아야 한다. 자칫, 해야 하는 타당성을 잊고 실행의 장점만을 말해서는 안 된다. 이렇게 되면 근거가 약해 힘을 받지 못한다. 이를 방지하기 위해서는 프로세스를 바탕으로 설득과 공유를 해야 한다.

눈앞의 작은 일만을 보면 그 문제는 해결될 수 없다. 하지만 전체의 해결은 밝혀지고 만다. 일을 기획하고 풀어나가려면 정확한 방법을 알아야 한다. 단기적인 문제는 임시방편으로 한두 번은 넘어갈 수 있다. 하지만 제대로 배우지 못하면 일의 진행이 어렵다. 프로세스를 이해해서 반영해야 한다.

셋째, 일의 완료를 보고 신중히 검토해야 한다. 일을 추진하면서 어려운 것이 방향이 제대로 가고 있는 것인지, 내가 맞게 하는 것인지 확신이 서지 않을 때다. 이렇게 일을 추진하면서도 방향이 맞는지 확인하고 싶다. 이 일이 시작되는 초기에 문제가 된 일의 끝을 보면 어떻게 완료해야 하는지 보인다. 일의 완료는 언제까지 필요한지, 어떻게 해야 이 일이 완료되는지를 생각하며 일을 추진한다. 그러면 과정에서 챙겨야 하는 일의 품질이 향상된다.

이렇듯 직장에서 자신의 업무 역량을 향상하기 위해 노력하는 이유는 무엇일까? 궁극적인 목적은 역할에 맞는 성과를 얻기 위함이다. 자신의 역량 향상을 통한 성장으로 양질의 결과물인 성과를 얻을 때 보람을 느낀다.

역량도 자신의 노력에 더해 주변의 인정을 받을 때 배가된다. 동기부여가 추가되어야 지속해서 성장할 수 있다. 자신의 역량은 아직 충분하지 못하다고 생각하지만, 상사를 포함해서 동료들의 인정이 있다면 역량 향상은 충분한 동력을 받는다.

일이 몰린다는 표현을 한다. 어떤 일이 주어졌을 때 사람은 많은데 꼭

한 사람에게만 집중되는 일이 있다. 자신의 의사와 상관없이 그 사람의 역량이 인정되었기 때문에 일이 몰린다. 이런 경우 더 성장하는 인재가 취해야 하는 자세가 있다.

첫째, 바른 태도로 신뢰를 준다. 단순히 능력이 있는 사람은 자신의 능력을 과대 포장하는 경우가 있다. 하지만 역량을 갖추어 일의 시작부터 마무리까지 일련의 과정을 아는 사람은 신뢰를 준다. 이런 과정을 거쳐 이렇게 풀어나가야 하고, 이런 것들이 필요하다 하는 것을 알기 때문이다. 상대가 신뢰를 가지고 안심할 수 있도록 배려한다. 무엇인가 내공의 힘을 가진 사람들의 공통점이다.

둘째, 자만하지 않는다. 이미 경험한 일로 문제 해결에 문제가 없다고 판단된다. 하지만 자신에게는 자만하지 않는 모습을 보여야 한다. 지나친 자신감은 오히려 상대를 무시하는 모습으로 비친다. 역량이 높다는 것은 이후의 피드백까지 생각하는 것이다. 현실적인 자신감은 무한 긍정의 효과를 얻는다. 하지만 지나친 자신감은 자칫 상대에게 겸손하지 못한 부정적 태도로 여겨진다. 리더로 성장하는 인재가 귀담아야 할 사항이다.

셋째, 미래 성장의 무한 잠재력을 보여줘야 한다. 지금의 문제만이 아니라 미래에 자신의 잠재력이 더 성장할 것임을 역량으로 표현하는 것이다. 이런 문제가 이렇게 해결되면 향후에 이런 준비가 필요함을 알려주어야 한다. 지금 자신의 역량만을 어필할 것이 아니라 미래도 준비하고 있음을 알려야 한다.

"바쁘다, 바빠!"라고 하면서도 우리는 직장에서 맡은 바 역할을 다한다. 의도한 좋은 결과물인 성과를 얻기 위해 능력을 키운다. 자기 일을 할 수 있는 능력을 키워야 제 역할을 할 수 있다. 여기에 더해 일의 품격을 높이는 역량을 배워야 한다. 주변의 도움 없이 일을 정의하고 방법을 찾아 완료하는 일련의 과정을 습득해야 한다.

역량은 능력에 기획력을 더한 형태다. 일의 전체를 알고 있고, 풀어나갈 수 있는 힘을 가져야 한다. 노력한다고 하루아침에 역량이 얻어지는 것이 아니다. 작은 지시사항도 물어보기 전에 상사의 의향과 완료의 결과물을 제공하는 업무습관을 들인다. 일도 잘하는 사람에게 몰린다. 역량을 갖춘 사람에게 주도적 업무 기회가 찾아온다. 지금 당신의 역량은 어디쯤 와 있는지 점검해보라. 늦은 때는 없다. 자신의 가치를 높이는 역량을 키워야 하지 않을까?

목표는
구체적으로 세워라

최근에 풋풋한 청년들을 만난 일이 있었다. 채용을 위한 전 단계로 인턴사원을 면접할 기회가 있었다. 혈기 왕성한 젊은 청년들을 보니 나도 청년의 혈기가 다시 솟아나는 것 같았다. 요즘 취업하기 어려운 여건을 반영하듯 모두가 입사하고자 하는 의지를 보여 측은한 마음이 들었다.

지금 세대들은 MZ 세대 끝부분에 해당한다. 그들의 생각을 읽어보려 각자의 목표를 물었다. 대부분 현재 상황의 간절함 때문일까? 목표라고 보기보다는 희망 사항을 이야기하고 있었다. 빨리 입사하는 것이 목표고, 열심히 일해서 능력을 인정받아 주도적 인재로 성장하고픈 바람을 가지고 있었다. 나는 모두 잘되어 목표를 꼭 이루길 바란다고 응원했다. 또 이를 잘 알려주고 있는 책을 많이 읽어보길 조언했다. 목표는 말처럼 쉽지 않다. 나의 목표를 다시 생각해보는 시간을 가질 수 있어 오히려 내가 더 배운 하루였다.

최명호 팀장이 동구와 분기 면담을 하고 있다. 최근 동기부여가 모자란 것 같아 목표를 확인하고 있다. 한창 업무를 주도적으로 할 시기에 간혹 찾아오는 슬럼프를 최 팀장이 먼저 알아보았다.

최 팀장 : 강 대리 목표가 뭐였지? 5년 이내에 법인 근무를 위해서 준비한다고 하지 않았어요? 특히, 어학은 문제없도록 성적 취득한다고 했었지. 그런데 많이 떨어졌는데요?

강 대리 : 네 코로나로 대면접촉이 어려워져서 자습하는 중인데 좀 등한시했습니다. 다시 어학에 집중하겠습니다.

최 팀장 : 목표가 아직도 유효하기는 한 거예요? 지금은 희망 사항 수준인데?

강 대리 : 아닙니다. 법인에서 근무하며 많은 경험을 하려고 합니다. 다시 준비해보겠습니다. 포기하지 않을 겁니다.

최 팀장 : 좋아요. 대략 연말에 대체 근무자 선발이 있는데, 이 목표를 위해 구체적으로 무엇을 준비해야 하는지 계획을 볼까요?

강 대리 : 희망 사항이 아니고 구체적 목표요?

직장에서 목표라는 말을 참 많이 듣는다. 무슨 일을 하든지 평가를 해야 한다. 또 평가하려면 목표 대비 실적을 비교해야 얼마나 잘했는지 기준을 알 수 있다. 목표를 세운다는 게 쉽지 않다. 가령 목표를 낮게 세우면 한소리 듣는다.

"도전 의식이 없어? 일하겠다는 거야, 말겠다는 거야?"

쉽게 달성 가능한 목표로 설정하면 도전 의식이 없다고 말한다. 그러면 슬그머니 전년도 개선 정도로 조정한다. 그래도 또 뭐라고 하면 조금 더 수정하는 정도로 마무리한다. 대부분 목표를 달성하기 어려운 환경이기 때문이다.

또 이번에는 적극적으로 목표를 설정해 수립하면 꼭 물어보는 상사가 있다.

"어, 이렇게 높게 잡아도 되는 거야? 근거는 있어? 미달하면 알지?"

이렇게 자신의 성과를 먼저 걱정하는 상사도 있다. 이래저래 직장에서는 목표를 정하는 게 보통 어려운 게 아니다. 차라리 어렵더라도 정해 주면 좋겠다고 생각하는 사람들이 많다. 결정에 대한 책임을 지지 않으려는 태도다.

실적이 좋아 달성되면 자신이 열심히 해서 달성된 것으로 판단한다. 반면에 실적이 좋지 않으면 내가 수립한 목표가 아니라 애초부터 어렵다고 피해 가려고 한다. 또 직장은 하는 일이 모두 같지 않아 동등한 목표를 정하는 것도 옳지 않다.

학창 시절에는 같은 과목과 같은 책으로 공부한다. 같은 학년에서는 같은 출제범위를 가지고 평가한다. 그래서 절대 평가를 할 수 있다. 우리 스스로가 목표를 정하는 습관이 되지 않아 성인이 되어서도 여전히 목표를 수립하는 것은 어렵다.

그러나 사실 우리는 어렸을 때부터 목표에 대해 듣는다. "장래 희망이 뭐니?" 하고 어린아이에게 물어본다. 아이의 마음을 알려고 하는 것이 아니라 부모 눈에 크고 좋은 목표를 가져야 한다는 이야기를 한다.

우리나라 사람들은 유별나게 자녀의 장래 희망을 알고 싶어 한다. 지금은 코로나로 사회적 거리 두기를 하면서 제한되고 있는 것이 바로 돌잔치다. 나도 코로나 이전에는 사회생활을 하면서 돌잔치 행사에 간 경험이 많다. 돌잔치의 하이라이트는 바로 돌잡이다. 부모가 내놓은 물품을 자녀가 관심을 보여 잡으면 미래에 직업을 예측하는 행사다. 행사의 하나로 여기지만 속으로는 잘되라는 부모의 마음이 전달된 것이다. 사실 우리도 아들 녀석이 잡은 장난감 마이크를 아직도 가지고 있다. 마이크는 말하는 직업을 뜻한다. 아나운서나 언론계에서 근무하길 바라는 나의 마음이 내비쳐진 건 아닐까?

사실 중고등학교나 대학에 진학할 때까지 자신의 의지로 진로를 정하지 못하는 것 같다. 경쟁이 워낙 치열한 과정을 거치며 일단 들어가야 한다는 초조함에 진로를 정한다. 그러다가 취업이나 결혼을 할 즈음에 목표에 대해 고민을 한다.

나 역시도 어느 순간 목표를 잊고 살았다. 회사에서는 매일 생산성이나 실적을 평가하면서 민감하게 반응했지만, 나 개인의 진지한 목표를 생각하지 않았다. 아무 생각을 하지 않은 것은 아니다. '돈을 많이 벌어 은퇴 이후 좀 더 여유롭게 살고 싶다', '인정을 받아 회사를 오래 다녀야 하는데' 하는 것들은 그야말로 희망 사항이다. 목표하고는 성격이 다르다. 하지만 정확히 모르는 상태에서는 희망 사항을 나의 목표로 생각했다.

우리가 목표를 세우지 않으면 어떻게 될까? 목표를 세워야 하는 이유를 세 가지로 정리할 수 있다.

첫째, 목표는 방향성을 알려준다. 목표가 없으면 어디로 가야 하는지 방향성을 잃어 우왕좌왕한다. 목적지가 있어야 흔들림 없이 찾아갈 수 있다. 이처럼 우리 일에도 목표가 있어야 헤매지 않고 추진할 수 있다.

둘째, 목표는 동기를 유발해서 지속하는 힘을 제공한다. 목표는 우리의 마음을 움직인다. 일하며 저항을 만나거나 실패를 경험한다. 이때 다시 일어서고 재도전할 수 있는 마음을 갖는 것은 목표가 있기 때문이다. 목표는 그 자체로 도전할 수 있는 용기를 준다. 우리가 잘 도전하고 다소 어려움을 겪어도 다시 할 수 있는 힘은 목표에 답이 있다. 목표가 없어지는 순간 도전하거나 개선하려는 의지가 변하는 것을 느낄 수 있다.

셋째, 목표는 일의 의미를 알려준다. 간혹 왜 이 일을 하는지 모른 채 진행한다. 목표는 일의 목적을 리드한다. 제대로 일하는 방법을 알려준다. 목표에 맞는 프로세스를 적용해야 과정에서도 올바른 결과물을 얻을 수 있다.

나는 개인적으로 두 종류의 목표를 가지고 있다. 직장에서 주어진 일에 관련된 사항은 나름 나에게는 중요한 목표다. 나의 역량을 발휘해서 성과를 낼 것이다. 그러나 이 부분은 잠시 제외하고, 나머지 개인적인 목표는 다음과 같다.

첫째, 다독을 하는 것이다. 목표는 이백 권의 자기계발 책을 올해 내 독서하는 것이다. 집중 독서나, 발췌 독서같이 내가 배운 여러 독서법을 통해 다독을 실천하고 있다. 세부적으로는 일주일에 세 권의 독서를 해야 하는 양이다.

둘째, 한 권의 자기계발서를 출간하는 것이다. 이 목표는 이미 구체적으로 준비해가고 있다. 사실 일을 하며 독서하고 책을 집필하기란 쉽지 않다. 하지만 구체적 목표를 가지고 있으면 동기부여를 받아 꾸준히 할 수 있는 힘을 얻는다.

목표의 중요성을 잘 인지하면서도 구체적인 목표를 수립하지 못하는 것은 목표의 정의를 모르기 때문이다. 막연히 바람을 담은 희망 사항을 우리는 목표로 알고 있었다. 목표는 원하는 결과물이 이루어진 상태를 구체적으로 객관화한 것이다. 목표는 구체적 요소를 가지고 있어야 한다. 이를 네 가지로 정리할 수 있다.

첫째, 목표는 구체적인 명확성을 가져야 한다. 목표를 달성하는 주체가 누구인지 무엇을 하고자 하는지 서술되어야 한다. 목표의 주체를 정한다는 것은 결국 책임을 누가 지고 주도하느냐를 말한다. 회사에서 공통으로 수립한 팀 목표 등은 강력한 책임을 동반하지 않는다. 그래서 공통 목표라 해도 더 세분화해서 개인이 구체적으로 무엇을 해야 하는지 명확히 구분해야 한다. 책임이 동반되는 동시에 성과를 명확히 평가할 수 있기 때문이다. 목표가 희망 사항이 되지 않으려면 수치적 목표를 수립해야 한다. 경영학의 대가 피터 드러커(Peter Drucker)는 "측정할 수 없으면 개선할 수 없다"고 정의했다. 정성적보다는 정량적인 구체적 목표가 설정될 때 명확성을 보인다.

둘째, 목표는 구체적으로 실현할 수 있는지 실천적 여건을 고려해야 한다. 꿈의 크기는 제한이 없다. 원대한 목표는 진취적이고 도전적이어야 한다. 하지만 막연한 희망 사항과는 구분되어야 한다. 단계적 성취를 이루는 구체성이 고려되어야 한다. 목표도 성취의 중독에 빠질 때 더 큰 목표에 도전한다. 자신의 의지로 성취 가능한 목표가 필요하다. 누가 도와주어야만 가능한 목표는 결국 하지 않는다는 것이다. 실패의 책임을 처음부터 남에게 돌리는 격이다. 가정하지 않은 상태에서 수립한 목표가 진정 자신의 몫이다. 그래야 실천 의지가 지속된다. 이런 노력과 달성 의지가 동반될 때 작은 목표부터 달성할 수 있다.

셋째, 목표는 구체적 일정이 동반되어야 한다. 시간 개념이 없는 목표는 목표가 아니다. 그야말로 희망 사항에 해당한다. 명확성과 실현 가능한 목표를 수립했다면 언제까지 내가 한다는 시간 개념이 추가될 때 비로소 목표가 완성된다. 막연하게 해야지 하는 것은 하지 않아도 된다는 자신감 결여의 표현이다. 완료 일정이 동반되어야 세부적인 일정을 나눌 수 있다. 그래야 과정을 단계별로 추진할 수 있다.

나는 다독을 결심했다. 1차 목표는 5년 내 천 권의 독서를 하는 것이다. 그러기 위해서는 이백 권을 꾸준히 일 년 동안 수행해야 한다. 더 구체적으로는 일주일에 세 권의 책을 읽어야 한다. 이렇게 작은 단위로 나누지 않으면 포기하게 된다. 내 의지만 갖고는 가능하지 않다. 물론 목표를 우선순위에 두지만 1~2주 책을 접하지 못하는 여건도 고려했다. 그러면 나누어 다른 주에 더 많은 독서를 할 계획이다. 과정을 무시하고 연말에 몰아치기 독서를 해야지 하는 것은 포기로 가는 지름길이다. 세부적인 일정이 수반된 목표여야 과정을 거치며 성취할 수 있다. 충실한 과정만큼 좋은 동기부여도 없다. 한 주, 한 주, 독서를 통한 나의 역량이 커질 때 더 큰 성취 의욕이 생긴다.

내가 독서를 많이 한다는 이야기를 들은 지인들이 그러면 책을 한번

써볼 것을 권유했다. 처음에는 '내가 어떻게 책을 쓸 수 있겠어?' 하고 막연히 생각만 했다. 사실 욕심은 있었으나 엄두를 내지 못했다. 내가 읽은 다수의 책 속에 책 쓰기에 대한 정보가 담겨 있었다. 그렇게 '한국책쓰기강사양성협회(이하 한책협)'의 김태광 대표를 알게 되었다. 김태광 대표는 그동안 수백 권의 책을 출간하고, 1,100명 이상의 나 같은 평범한 일반인을 단기간에 작가로 만든 최고의 책 쓰기 코치다. 나중에 알고 보니 유튜브 채널이 있었다. '한국책쓰기강사양성협회TV' 채널에 올라와 있는 책 쓰기에 관한 동영상을 유심히 보았다. 실제 많은 분이 책을 쓰는 모습을 보고 나도 할 수 있겠다는 자신감이 생겼다. 나도 한책협에서 진행하는 정규 교육과정을 통해 책 쓰는 방법을 단계적으로 학습했다. 독서를 하고 책을 쓰고자 하는 분들이 있다면 한책협을 통하면 작가로서 책을 쓸 수 있는 기회가 가까워진다고 알려주고 싶다.

"생각하고 살지 않으면 사는 대로 생각한다"라는 말이 있다. 목표가 없음을 지적하는 것이다. 특히, 직장에서는 많은 목표에 시달린다. 목표의 중요성을 알면서도 자신의 구체적 목표를 잊어버린다. 자신의 목표를 수시로 점검해야 한다. 업무의 품질이 달라지고, 자기 일을 사랑하는 단계로까지 발전한다.

가정하는 목표는 희망 사항에 불과하다. 구체적인 목표를 수립할 때 작은 성취의 희열을 얻는다. 명확하고, 실현할 수 있고, 구체적인 일정을 동반하는 목표인지부터 점검해야 한다. 목표가 내 것이라 생각되어야 주도적으로 추진할 수 있다. 단지 상사의 지시나 주어진 여건에 의한 목표는 수동적이다. 어차피 해야 할 일이라면 내가 주도적으로 만든 목표로 바꾸어보라. 내가 내 목표를 완성할 때 일의 주인으로 당당히 설 수 있다.

CHAPTER

03

직원으로 남지 말고
전문가로 성장하라

바른 태도가
평판을 좌우한다

직장은 의외로 좁다. 아무리 큰 대기업도 대부분 20명 내외의 인원이 팀을 이루고 있다. 폭넓은 업무를 한다고 해도 자신과 주 업무를 공유하고 직접 만나는 사람은 100여 명 정도다. 하지만 온종일 같은 생활 공간에서 일한다. 속마음까지야 알 수 없지만, 그 사람 하면 떠오르는 이미지가 있다. 긍정적인 이미지면 그래도 행복하다. 나는 요즘 이 부분을 생각하게 되었다. 직장에서 지나온 날보다 앞으로 근무해야 하는 시간이 얼마 남지 않음을 생각하면서부터다. 그래도 후배나 동료들에게 좋은 이미지를 얻으려는 생각이 앞선다. 열심히 일했다는 소리를 듣고 싶어서인지도 모른다.

"강 대리! 퇴사한 고 대리 있잖아. 혹시 어디에 있는지 알아? 최근에 소식 들은 거 없어요?"

갑자기 작년에 퇴사한 고 대리에 대해 최 팀장이 물어보고 있다. 회의실로 따로 불러 조용히 물어보는 게 혹시 다른 문제가 있나 하고 동구는 생각했다.

"네, 최근에는 연락을 취하지 못했습니다만, 부동산 컨설팅 업체에 이직해서 다닌다고 3개월 전쯤 카톡을 한 적이 있습니다. 팀장님 혹시 무슨 문제가 있나요?"

동구가 커피가 식는 줄도 모르고 팀장의 질문에 대답하고 있다.

"아니야, 갑자기 생각나서 궁금해서. 이직할 때 간다고 했던 그 업체죠?"

"네, 아는 선배가 하는 지금의 부동산 관련 업체에 다닌다고 들었습니다."

강 대리가 나가고 최 팀장은 잠시 고민에 빠졌다. 어제의 당황스러운 전화 때문이었다.

어제 P사로부터 한 통의 전화를 받았다. 퇴사한 고 대리가 다시 입사하려는지 이전 직장 연락처를 남겼던 모양이다. P사의 팀장으로부터 고 대리의 경력을 확인하는 전화를 받았다. 일명 '평판 조회'를 한 것이다. 순간 최 팀장은 당황했다. 여기에서의 고 대리 평판을 그대로 이야기해야 하는지, 이미 퇴사한 직원을 생각해서 좋은 게 좋은 거라고 부풀려 이야기해야 하는지 고민했다. 같이 근무하는 동안 평판이 좋으면 고민이 없겠지만 사실 여기에서 부적응한 것이 이직 이유에 있어서 더 고민됐다. 결국, 최 팀장은 고 대리의 진심 어린 성장을 위해 자신이 생각한 그대로 이야기했다.

'녀석 그러면 연락을 미리 한번 주던가. 여전하네!'

최 팀장은 고 대리에게 한번 연락해서 진심 어린 조언을 해야겠다고 생각했다.

지금은 채용시장이 많이 축소되었다. 특히 대규모 채용보다는 필요한 인재를 수시 채용하는 경력 위주로 바뀌었다. 이렇다 보니 경력 지원 인 경우는 사례와 같이 '평판 조회'를 하는 곳이 있다. 헤드헌터나 채용하려는 회사에서 경력란에 이전 직장 연락처를 써넣도록 한다. 간혹 이전 직장 팀장에게 전화해서 태도와 주요 업무 경력을 확인한다. 대부분 능력 있는 직원은 이전 직장에서 반대하는 때도 있어 이직이 매끄럽지 않다. 또 평판이 좋지 않아 부적응이 있는 직원은 사실대로 이야기하기 어려운 인간적인 고충이 있다.

직장에서 각자 업무를 하는 듯해도 혼자 일할 수는 없다. 상대와 관계성을 가지고 협업하기 때문이다. 혼자 1인 기업을 운영하며 모든 것을 개인이 처리하는 것과는 차이가 있다. 내 업무의 시작은 고객을 만나는 영업일지 모르지만 여러 팀과 업무적 연결성이 있다. 이렇게 여러 팀 혹은 관계인과 업무를 수행하면서 각자의 고유한 개성이 드러난다. 개성, 업무 능력, 태도 등을 포함해서 암묵적으로 각자 개인에 관해 이야기한다. 또 말은 하지 않지만, 개인이 느끼는 타인에 대한 평가가 있다. 회사에서는 이를 통상 '사내 평판'이라고 한다.

그런데 우리가 이야기할 때 그 사람에 대한 능력을 말하는 듯하지만 실은 태도를 보고 평판한다. 5년 정도 대리 직급의 경력을 가지면 이미 평판은 굳어진다. 이후 평판을 새롭게 바꾸려면 부단한 노력이 없는 한 인식은 쉽게 바뀌지 않는다. 자신은 부정적 평판을 바꾸려 노력하고 있으나 주변인들이 인식하는 데는 더욱 많은 시간과 인내가 필요하다. 이 부분을 신입사원이나 초급사원이 간과하고 있다. 그저 열심히 하고 성실하면 되는 줄 알고 있다. 좋은 평판으로 자신의 이미지를 각인시킬 필요가 있다. 사원 때부터 좋은 평판을 받는 이들이 나중에 회사에서 인재로 성장해서 중요한 업무를 수행한다.

나는 태도를 두 가지 의미로 본다. 태도의 첫째는 인성이다. 예를 들면 출퇴근 시간을 잘 지켜야 하고, 예의 바르며, 인사를 잘하고, 단정한 복장을 해야 하는 것은 기본적 태도라고 생각한다. 물론 인성을 갖추는 것은 기본이다. 그리고 이것은 몸에 익지 않아서 그렇지 학생 때 이미 충분히 배운 기본 태도다. 사실 부끄럽지만 나도 이런 좋은 태도를 갖추면 좋은 평판을 받는 것으로 알았다. 이렇게 성실하기만 하면 긍정의 평판과 성과를 얻을 수 있다고 생각했다. 하지만 직장에서는 이것만으로는 부족하다는 것을 알았다.

둘째는 일을 대하는 태도다. 첫 번째가 행동에 대한 태도라면 두 번째는 자신이 하는 일에 대한 태도를 말한다. 자신이 맡은 업무를 이해하고 책임을 다하는 태도를 말한다. 흔히 우리는 이런 말을 한다.

"사람은 참 좋은데, 하는 일이 조금 시원찮아!"

일의 태도까지 긍정을 얻을 때 자신도 성장하고 회사도 인재로 키우고 싶다고 여긴다. 여기에 해당하는 네 가지 일의 태도를 소개한다.

첫째, 일의 의미를 알아 목적을 이루려는 성장 욕구가 있어야 한다. 자신의 일을 사랑하고 성장하려는 욕구를 가져야 한다. 자기 일을 누구보다 잘 알고 더 나은 업무를 하려는 적극적 태도를 보여야 한다. 하나라도 더 물어보고 배우려는 사원을 어떻게 미워할 수 있겠는가? 나도 중간관리자가 되어 초급사원과 일을 해보면 금세 안다. 그냥 시키니까 하는 사원과 일의 의미를 찾아 목적을 생각하는 사원과는 차이가 있다. 같이 배우는 듯하지만, 일의 품격이 다르다. 직급이 낮은데도 업무를 대하는 태도가 남다르면 다시 보게 된다.

둘째, 일의 주도성을 갖추어야 한다. 일을 주도한다는 말은 다른 말로는 책임을 진다고 볼 수 있다. 자신이 맡은 업무를 완성하기 위해서는 스스로 결과물을 만들어내야 한다. 누가 일일이 시켜서가 아니고 자기 일을 스스로 하는 것을 말한다. 당연한 이야기처럼 들리지만 주어진 시간에 여러 걸림돌을 조율해서 일하는 건 말처럼 쉽지 않다. 경력이 오래된 사람들 중에서도 주도적으로 일하기 어려운 사람들이 많다. 이런 분들은 경력에 비해 긍정의 평판을 얻지 못한다.

셋째, 일을 풀어나가는 긍정의 도전의식을 갖추어야 한다. 직장에서 쉬운 일만 찾아서 하려는 직원이 있다. 조금 새롭거나 변화가 필요한 일을 맡지 않으려고 한다. 같이 주어진 업무에서 유난히 누군가 만들어놓은 양식을 찾아 기입만 하려는 사람들이 이에 해당한다. 도전에 가까운 새로운 업무를 통해 자신이 한 단계 발전한다는 사실을 잘 모르는 직원이다. 입사하기 전부터 업무를 익혀서 아는 사람은 없다. 모르면 물어 배우려는 태도를 갖추면 안 될 일이 없다. 이런 배우려는 도전하는 태도를 보여야 긍정의 평판을 받는다. 경력이 어느 정도 되는 분들도 쉽게 새로운 업무에 도전하지 못하는 경우가 있다. 분명 바람직한 태도는 아니다.

넷째, 일의 배려를 아는 것이다. 일은 혼자 하는 것이 아니라는 것을 인지한 긍정의 태도를 아는 사람이 있고, 자칫 좋은 성과만을 얻고자 독불장군식으로 자기주장이 강한 사람도 있다. 상대의 상황을 같이 공유하고 인지하는 태도는 일에 있어 필요하다. 서로의 업무 입장이 대립해서 수용되지 않더라도 서로 공감하고 풀어나가려는 태도가 필요한데, 이는 말처럼 쉽지는 않다. 긍정의 좋은 평판을 받을 때 가장 중요한 태도로 속칭 '통하는 사람'이라는 평판이 따라붙을 때 배려를 아는 태도를 겸비한 인재라고 말한다.

직장에서는 누구나 좋은 평판을 받길 원한다. 리더의 역할을 하는 사람에게는 또 다른 능력이 요구된다. 바로 조율과 리더십 등 다른 부분의 능력이다. 하지만 일을 배우는 과정에서는 검증된 능력을 보기보다는 가능성을 본다. 현재는 다소 부족하더라도 배우려는 태도야말로 미래를 위한 투자다.

일에 관한 좋은 태도는 동기부여를 가졌을 때 더 활성화된다. 이런 자기계발 책을 읽어 동기부여를 받는 것도 좋은 태도에 도움이 된다. 다른 사람이 나를 보는 모습이 바로 평판이다. 내가 강요할 수 없다. 내가 후배들을 생각해서 아무리 좋은 조언을 하고 양질의 정보를 주더라도 나에 대한 평판은 그들이 느끼는 모습에 달려 있다. 평소에 내가 '잔소리하는 꼰대'로 평판되었다면 그 인식을 다시 바꾸기는 어렵다. 나는 어느 순간부터 궁금했다.

'나의 평판은 무엇일까? 긍정일까? 부정일까? 진짜 잔소리꾼 '꼰대'로 비칠까?'

지금은 오히려 마음이 편안해졌다. 평판에 대해 많이 신경 쓰지 않는다. 내 의식의 성숙이랄까? 우선 내가 당당해지기로 했다. 내가 나를 보았을 때 부끄럽지 않게 행동하기로 했다. 나는 회사에 일찍 출근한다. 아침에 생각하기 위해서다. 하루하루 매일 돌아오는 하루지만 오늘은 어제와 다른 하루로 만들려고 한다. 오늘에 의미를 주려고 한다. 또 나를 채찍질하는 부분에서 일찍 출근하는 것만큼 나를 다잡는 것도 없다. 내가 피드백받은 평판은 사실 부정적이지 않았다.

"어떻게 매일 이렇게 일찍 나와요? 정말 부지런하세요"라고 동료가 말한다. "엄청 꼼꼼하세요. 항상 긴장을 주시는 분이에요"라고 후배들이 가끔 말한다. 한동안은 나의 이런 평판을 좀 더 털털한 모습으로 바꾸려 한 적이 있다. 하지만 물려받은 성격은 잘 고쳐지지 않았다. 그리고 내가 바꿔야 하는 이유를 간절히 느끼지 못했다. 지금은 나의 장점을 더 부각하고자 한다. '나는 바로 나니까' 하는 생각을 한다.

오래 근무한 선배나 동료들에 대해 긍정이든, 부정이든 내 머릿속에 떠오르는 평판이 있다. 하지만 가끔 머릿속에 떠오르는 평판이 없는 후배들이 있다. 바로 신입이나 경력직 직원들이다. 입사한 지 몇 년이 되었어도 같이 일할 기회가 없으면 잘 알지 못한다. 이렇게 지내다 어떤 일로 같이 일하게 되면서 '어! 이 친구 제법이네. 괜찮은 친구네' 하며 속으로 느낀다. 제삼자의 눈이 아니고 내가 직접 경험하며 느낄 때 평판이 생긴다. 잘 몰랐던 긍정의 평판을 받는 사람들을 '저평가된 친구네' 하며 다음에 기회가 있다면 같이 일해보고 싶은 마음이 든다.

직장에는 두 가지의 평가가 있다. 하나는 회사가 가진 기준과 근거로 평가하는 것이다. 능력과 역량을 평가하는 것은 회사가 필요한 평가다. 다른 하나는 동료가 평가하는 '평판'이다. 어떤 기준이나 근거가 있는 것은 아니다. 하지만 희한하게 기준이나 근거를 물어보지 않아도 평판을 이야기할 때 다들 비슷한 느낌을 이야기한다. 왜냐하면, 평판은 태도에서 많은 영향을 받기 때문이다. 비슷한 태도의 삶의 기준이 있기 때문이다. 회사는 혼자가 아니기에 평판 또한 중요하다.

긍정의 평판을 받는 태도가 있다. 인성은 기본이고, 일을 대하는 진지한 태도를 겸비해야 한다. 다시 말하지만, '왜 이 일을 하는지? 어떻게 해야 하는지?'에 대해 돌아볼 때 자신의 성장을 볼 수 있다. 오늘, 내 평판을 생각해보지 않겠는가?

책임지는 인재가
결국 인정받는다

"동구씨, A 업체에서 긴급 상황이 발생했어요. 화재가 발생해서 4시간 정도 결품이 될 것 같아. 나도 바로 업체로 가야 하거든, 생산 상황 좀 확인해주세요."

협력업체의 화재로 인해 연서의 다급한 목소리가 전화기 너머로 들린다.

"연서씨 알았어. 내가 생산관리팀이랑 확인해볼게. 운전 조심하고, 이럴수록 천천히 조심해서 다녀와요! 조심조심~."

"응, 알았어! 부탁해요."

"맹 차장님, 생산계획을 변경해주세요. 지금 고객사 라인이 끊어지면 신뢰에 문제가 발생됩니다."

동구가 생산관리팀 맹준규 차장과 고객사 결품문제에 대해 큰소리로 언쟁하고 있다.

"그래도 생산계획이 변경되면 비용이 들어가는 문제라 내가 쉽게 결정할 사항이 아니야."

"생산관리 팀장님도 안 계시고, 그럼 누가 결정해야 하나요?"

"내가 결품시킨 것도 아니고, 내가 책임질 수는 없어."

"차장님이 문제를 일으킨 건 아닙니다. 하지만 우리가 할 수 있는 최선의 노력으로 문제를 해결해야 하는 것 아닌가요?"

"생산계획을 변경하지 말라는 팀장님 지시가 있었어. 내 마음대로 할 수 없어. 조금만 기다려!"

"더는 기다릴 수 없습니다. 제가 책임질게요!"

동구는 움직이지 않는 맹 차장을 더는 설득할 수 없었다. 교육 중인 최명호 팀장에게 긴급 통화했다. 결국은 최 팀장이 모든 책임을 지는 것으로 하고 생산계획을 변경했다. 추가 비용을 포함해서 전반적인 상황 보고를 동구가 준비하고 있다.

'왜 내가 책임지는 건 안 되고, 팀장님이 책임지면 될까?'

동구의 생각이 깊어졌다.

사람은 누구나 좋은 성과나 결과를 얻길 바란다. 긍정의 결과는 결국 자기가 맡은 일에서 인정을 받는 것이다. 자기만족은 물론, 타인으로부터 받는 인정은 자기만족보다 사실 더 만족스럽다. 그만큼 사람은 사회성을 가지고 있기 때문이다. 모든 일이 잘되면야 무엇이 문제겠는가? 하지만 반대로 언제나 문제는 발생하고, 그것이 자신이 잘못한 부분이라면 엄청난 부담을 느낀다.

뉴스나 신문에서 보면 대형 사건이 터지면 어김없이 책임자를 찾고 처벌해야 한다고 결론을 내린다. 그래서 이어지는 시나리오는 사건의 경중에 따라 인사이동이 이루어지는 것이다. 결국, 이렇게 종료되는 걸 보면 높은 직위에 있는 사람일수록 책임이 높다는 것이다.

사례에서도 강 대리가 책임을 진다고 해도 맹 차장은 움직이지 않았다. 최 팀장이 모든 책임을 진다고 한 뒤에야 생산계획이 변경되었다. 이번 일의 경중은 팀장이 책임을 져야 하는 정도의 일이었다. 회사에서 업무 수행을 하면서 갖가지 일을 겪는다. 자신이 담당하는 업무의 주인은 바로 자신이다. 우리는 모두 직장에서 자신이 하는 일에 대한 책임을 지고 있어야 한다.

책임이란 '맡아서 행해야 할 의무나 임무'를 말한다. 최근 직장의 주축 세대로 주목받는 MZ 세대가 본 상사의 꼴불견이 있다. 상사의 갑질을 말하는데, 이 중 상위를 차지하는 것이 책임지지 않는 상사다. 팀장이나 리더로 지시하는 사람들이 문제를 떠넘기는 행태를 가장 싫어한다. 책임질 위치에서 책임을 지지 않는다는 것은 자신의 위치에서 제대로 일을 하지 않는 것을 뜻한다. 제대로 일하지 않는 공정하지 않은 불합리를 MZ 세대들은 주장한다.

우리는 성과를 잘 내고, 좋은 결과를 얻어야만 인정받는다고 생각한다. 꼭 긍정의 결과가 있어야 인정을 받는 것은 아니다. 자신에게 맡겨진 역할의 일을 제대로 할 때 인정을 받는다. 특히 책임은 사례에서도 보았듯이 위치나 맡겨진 역할에 따라 무게가 다르다. 현재의 위치보다 더 많은 책임을 진다는 것은 상위의 일을 한다는 것이다. 직장에서 모두가 이를 안다면 성과를 떠나 일에서 인정을 받는 것이다. 책임을 회피하지 않고 인정받는 직원은 세 가지 특징을 가지고 있다.

첫째, 자신의 권한을 자신 있게 행사한다. 회사는 각자에게 담당 업무를 부여한다. 자신이 맡은 고유 업무를 수행할 때 흔들림이 없는 것은 자신의 권한을 행사하는 것이다. 흔히 팀장을 포함한 리더들에게 권한은 없고 책임만 있다고 말하는 이가 있다. 각종 규제로 투자비나 경비 사용 등의 제한과 인력 운용의 제약이 있을 때 그렇게 말한다. 단지 결재를 하고, 한도가 있는 카드를 사용하는 것만을 권한이라고 말하지 않는다. 자기 직무를 제대로 이해하고, 이를 완수하기 위해 가용 자원을 최대한 행사한다. 또 목표를 달성하기 위한 필요 자원을 정당하게 요청한다. 이것이 진정한 자신의 권한을 행사하는 것이 아닐까 생각한다.

둘째, 결정할 수 있는 사람이 책임을 지고 인정받는다. 각자의 위치에서 담당하는 일이 다르다. 같은 일을 하지 않기에 정해지지 않거나 문제가 발생하면 방안을 선택하고 결정해서 추진한다. 스스로의 위치에서 결정한다는 것은 자기 일을 책임진다는 뜻이다. 가령 팀장이 결정해야 하는 사항을 일일이 보고하는 팀장이 있다. 보고의 문제가 아니라 결정을 미루는 업무 부적응이다. 그나마 정형적인 상황에서는 차이가 없다. 우리가 위기나 긴급한 상황에서 여기에 부합하는 합리적 판단을 할 수 있을 때 결정한다. 그만큼 그 위치에서 많은 고민을 했다. 리더가 해야 하는 역할을 제대로 한 것이다. 그러나 책임을 부담으로만 여기는 사람이 있다. 반면에 책임을 기회로 여기는 사람도 있다. 내가 책임을 진다는 건 확실하게 내가 장악하고 있는 업무의 영역이 늘어난다는 것이다. 그래서 성장하려는 적극적인 리더와 보수적인 리더는 책임을 대하는 자세에서 차별화가 된다.

셋째, 책임지는 인재는 항상 주어가 나로 시작한다. 내가 한 일과 내 생각을 주장한다. 제삼자의 의견을 전달하지 않는다. 팀 내에서 일어난 일을 내가 관여하지 않은 것으로 보고하는 리더가 있다.

"이번 사고는 우리 팀 담당에서 벌어졌습니다. 팀장인 저의 관리 미흡이 있었습니다."

"이번 일은 홍길동 차장 유닛에서 벌어졌다고 들었습니다. 홍 차장이 조사하고 있는데 과실이 있었는지 확인하라고 했습니다."

어떤 차이가 있는가? 자신이 맡은 범위를 자기 일로 보는 관점과 자신의 영역 일을 제삼자의 일로 생각하는 관점은 큰 차이가 있다. 혹시 주변에 이런 사람이 있는가? 역할 구분에 따라 업무를 나누어 일할 때, 성실하고 역할 분담된 일에 곧장 마무리한다. 일 처리도 잘한다. 그런데 역할 분담이나 업무 구분 시 나서지 못한다. 자신이 잘하는 부분이 있고, 능력을 이용해서 잘 처리한다. 그런데 누군가가 나누어줘야 한다. '나'를 먼저 말하지 않는다. 누군가가 정해줄 때 그제야 움직이려고 하는 경우, 결정 능력에서 부족이 있다고 할 수 있다. 이 부분의 보완이 필요하다.

자기 일을 역할에 맞게 제대로 당연히 일해야 하지만, 그게 쉬운 일은 아니다. 자신의 역할을 정확히 인지하고 그 안에서 충분히 책임지는 인재가 인정을 받는다. 자신의 영역 밖의 일은 상부에 보고해서 판단과 결정을 받는다.

미국의 에이브러햄 링컨(Abraham Lincoln) 대통령이 말한 책임에 대한 일화가 있다. 남북전쟁 당시 전장의 마이드 장군에게 쓴 편지의 내용이다.

> 장군! 이 작전이 성공한다면 그것은 모두 장군의 공입니다. 그러나 만약 실패한다면 그 책임은 전적으로 내게 있습니다. 대통령의 명령입니다. 모두에게 공개하시오.
>
> -에이브러햄 링컨

이와 유사한 말을 하는 팀장님이 있었다. 내가 오래전에 모셨던 상사였다.

"뭘 두려워 해! 책임은 내가 질 테니 신나게 해봐!"

따르는 팀원으로서 이보다 힘이 되는 격려가 없었다. 이때 많이 배워 지금 팀을 이끄는 위치가 되었다. 나 역시 배운 대로 한다. 내 책임을 키우는 숙제는 내게 있다. 책임을 꼭 팀장이나 임원 등 높은 직책을 맡은 이에게만 해당한다고 생각하는 사람이 있다. 내가 할 일이 아니다, 지시가 있어야 한다, 승인을 받아야 한다면서 기다리기만 하는 사람이 있다. 월권을 하면서까지 보고하지 말라는 이야기가 아니다. 자신에게 주어진 일은 적극적으로 리딩하고, 스스로가 책임의 범위를 넓혀야 이에 맞게 새로운 일이 부여되고 권한이 생긴다. 상위의 일을 감내할 자세와 능력을 보여주지 않는데, 어떻게 권한이 생기겠는가?

"동구씨! 생산이 잘 연결되어 다행이야. 수고 많았어. 고마워!"

연서가 이번 결품 관련 건으로 고마움을 표현하고 있다.

"뭘, 연서씨가 더 수고 많았어. 다행히 팀장님이 잘 도와주셔서 생산계획을 변경할 수 있었어."

"알겠어요. 다음에 최 팀장님 보면 고맙다고 할게. 그리고 한턱낼게!"

"이번에 책임에 대해 제대로 배운 것 같아."

누구나 책임을 지는 것은 어렵다. 특히 직장에서 책임을 지는 것은 상당한 부담이다. 상대적으로 권한은 가지길 바란다. 제대로 일한다는 것은 자신의 위치에서 주어진 일을 실행하는 것이다. 인재는 자기 일을 재해석해서 당당히 실행한다. 미루는 것 없이 주어진 권한을 행사한다. 결정할 위치에서 제대로 검토하고 판단하는 것 역시 인재가 해야 할 일이다. 인재는 일을 전가하지 않는다. 특히 책임을 피하거나 전가하지 않는다. 책임을 진다는 것은 자기 일을 제대로 알고 있다는 것이다. 책임과 권한은 이를 감당할 수 있는 인재에게 주어진다. 책임을 통해 내 일을 확장할 수 있고, 더 크게 성장할 기회로 만든다. 책임을 피하지 않는 당신은 인재의 성품을 가졌음을 믿어야 한다.

직원으로 남지 말고
전문가로 성장하라

지금은 예전과 다르게 사회가 빠르게 변하고 있다. 하루에도 많은 직업이 생겨나고 없어지기도 한다. 누구나 자기가 하는 일이 영속적으로 유지되길 바란다. 또 그 일에서 인정을 받으면 자존감이 상승한다. 다른 사람들이 인정할 만큼 뛰어난 능력을 인정받으면 이루 말할 수 없이 기쁘다. 요즘 자기 분야에서 최고로 인정받는 이들을 보면 부럽다. 오직 실력으로 인정받은 것이다. 굳이 학위나 자격증이 없어도 모두가 실력을 인정하면 그 분야의 '전문가'라고 한다.

직장에서도 오래 근무한 이력을 떠나 잘 알고, 사내에서 제일 실력이 우수하면 말을 안 해서 그렇지 모두가 전문가로 인정한다. 오랜 기간 회사에서 근무하고 있는 나는 무엇을 잘하는 전문가일까 한번쯤 생각해 본다.

"퇴근 시간에 무슨 커피야? 권 대리는 퇴근 안 해?"

구매팀 윤 차장이 권연서 대리를 보며 물었다. 퇴근 시간에 커피를 한아름 들고 오는 게 뭔가 비장함이 묻어 있다.

"네, 오늘 수강해야 하는 강의가 있는데 퇴근 시간과 겹쳐서 회사에서 듣고 가려고요."

"오픽(OPIc) 어학 시험 준비하는 거야?"

"아니요, 영어이긴 한데, CPSM(국제공인 구매공급관리 전문가)에 도전해보려고요. 구매 업무가 적성에 맞는 것 같아서, 이왕에 하는 거 전문 자격증을 취득해보려고요."

"와우! CPSM…. 역시 권 대리야. 대단해! 멋져!"

권 대리가 긴 방황을 끝낸 듯했다. 구매 업무가 활달한 권 대리 성격과 잘 맞아 배우는 재미도 있다. 하지만 몇 년간 반복된 업무에 회의가 들었다. 최근 최명호 팀장이 조언한 전문 자격증을 통한 전문 지식을 쌓기로 했다. 책상 앞에 앉아야 하는 수고를 감내하고 있지만, 몸은 피곤해도 마음만은 가벼워졌다. 목표의 힘이 아닌가 생각했다.

우리는 학생의 신분에서 벗어나 간절하게 소망한 직장에 입사한다. 부푼 꿈을 가지고 처음에는 무엇이든 시켜만 주면 잘할 수 있을 것 같은 열정을 가지고 있다. 하지만 한 달만 지나도 현실을 직시하게 된다. 마치 학교에서 배운 전공은 서랍에 넣어두라는 듯 다른 일을 시킨다. 처음은 일을 배우는 단계로 서류 정리나 간단하게 할 수 있는 일을 한다. 마치 리셋된 느낌으로 생소한 일들을 배운다. 열정이 있기에 온갖 잡일을 포함해서도 배우는 재미가 있고 무엇을 시켜주지 않나 하고 긴장한다. 하나라도 더 배우려는 열의는 존중받아야 한다. 그때의 순수한 마음을 얼마나 지속하느냐는 중요하다. 또 누구와 일을 같이 하며 배우고 습관으로 만드는가 하는 것도 그때 꼭 필요한 학습이다.

하지만 회사의 일도 크게 보면 반복의 패턴을 보인다. 한 회사에서 1년 정도 근무하면 일의 패턴이 파악된다. 하루의 일과가 단조로워지기 시작한다. 처음에는 어떻게 업무를 수행했는지도 모르게 지나간다. 시간이 지나면서 사나흘 걸리던 업무가 반나절이면 가능한 시기가 온다. 그만큼 업무속도가 붙고 문제 해결이 가능할 정도로 손에 익는다.

업무수행 방식이 완전히 자기 것이 되면 약간의 지루함과 안일함이 슬금슬금 나타나기 시작한다. 단순 업무에 대한 싫증도 나고 약간의 회의도 든다. 이렇게 되면 더 나은 직장은 없나 하고 검색하며, 몸은 출근했으나, 정신은 집에 두고 온 형태가 된다.

이때 중요한 변곡점이 발생한다. '직장인 사춘기'를 보내는 시기인데, 한 번쯤은 직장에 대한 회의가 든다. 왜 출근해야 하는지? 목표는 무엇인지? 계속 다녀야 하는지? 여러 의문을 가진다. 이 의문에 대한 답을 스스로 찾지 못하면 그냥 직원으로 남는 생활을 한다. 주어진 업무는 처리 위주로 진행한다. 과거에 했던 것을 보고 같은 패턴으로 처리한다. 문제가 발생하면 '왜 발생했지?'라는 의문을 가지지 않는다. 처리 위주로 그 순간의 위기만 대응한다.

시간이 지날수록 처리 속도는 제법 빨라진다. 관련된 사람들과 안면도 있고, 누적된 처리 경험도 있어 반복적 일은 누구보다 빠르다. 다만,

일의 역량은 딱 여기까지다. 왜 해야 하는지, 어떻게 하면 안 하는지를 고민하는 깊이가 없다. 숙련은 늘었지만, 기술은 제자리걸음이다.

문제는 초급사원 때는 이를 잘 모른다. 피부적으로 잘 느끼지 못한다. 어쨌든 회사에 다니고 있고, 자기의 일을 하고 있기 때문이다. 일의 품질을 잘 비교해보지 못한 상황으로, 그냥 직원으로 시키는 일이나, 지시하는 일을 기다리는 자기모순에 빠진다.

반면, 사내에서 긍정의 평판을 받는 이가 있다. 단순한 태도의 긍정이 아니다. 자기 일을 사랑하고 끊임없이 성장하려는 욕구가 강하다. 왜 발생했는지, 어떻게 예방하는지에 대한 답을 계속해서 찾는다. 이런 사람들은 어느 시점부터 무시하지 못하는 성과를 낸다. 사내에서 자연스럽게 가장 잘 알고 있는 이로 통한다. 긍정의 평판을 받는 이런 이들은 '직장인 사춘기'를 스스로 슬기롭게 헤쳐 나왔다.

무슨 일에 굉장히 정통하며, 올바른 판단을 내릴 수 있는 사람, 또 필요로 하는 기술을 갖췄다고 사회에서 인정하는 사람을 우리는 그 분야의 '전문가'라고 한다. 부단히 노력해야 하며 깊이가 있어야 함은 물론이다.

일만 하는 직원이라는 의식을 바꿀 필요가 있다. 내가 하는 일에 자부심을 느껴야 한다. 또 그만한 실력과 성과를 낸다면 더 넓게 볼 수 있다. 흔히 우리는 아마추어와 프로를 비교한다. 선배들은 후배에게 자주 이런 말을 한다.

"아마추어같이 말고, 프로처럼 해봐! 이제는 프로의 경력이야."

아마추어는 부수적인 일을 한다. 또는 전담하지만, 어느 소속팀에 직원으로 소속되어 있다. 직원 신분이기에 성적이나 성과에 따라 급여가 달라지지 않는다. 추가 보너스나 성과급이 있을 수 있으나 연봉의 개념은 아니다. 무엇보다도 실력이 최고는 아니라는 것을 말해준다.

반면에 프로의 세계는 냉정하다. 실력과 바른 태도만이 자신을 지켜줄 수 있다. 누군가가 시켜서가 아니고 스스로 실력을 연마하고 유지해야 한다. 그만큼 잘 알아야 하고, 잘해야 한다. 다른 사람을 가르치고도 남을 만큼의 전문성을 가졌다는 방증이다. 아마추어와 비교할 수 없는 만큼의 대우를 받는다. 실력에 따라 보상을 받는 것은 당연하다.

전문성을 가진 프로는 특별한 학위와 자격증을 필요로 하지도 않는다. 물론 우리 사회에는 이런 자격을 갖추어야 하는 전문가도 있다. 가령 의사, 약사, 변호사, 교사, 박사 등은 자격을 검증받아야 한다. 하지만 오직 실력만으로 전문성을 인정받고 성장하는 이들이 있다. 프렌차이즈 사업가 백OO 대표, 중식요리 대가 이OO 셰프, 축구선수 손OO 등. 이들이 자기 분야의 학위나 자격증이 있는 것은 아니다. 물론 요리를 위한 기본 자격증은 있다. 하지만 자기 일에서 두각을 보인 것은 남들보다 노력과 경험을 축적했기 때문이다.

직장에 다니는 직원을 아마추어에 비유하면 지나친 자기 비하일까? 우리는 자기 일에 긍지와 자부심을 가질 필요가 있다. 회사에서 지시하고, 시키는 처리 위주의 업무에서 내 자존감이 높아지지는 않는다. 현재만을 생각한다면 잠시 잊을 수 있다. 하지만 언젠가는 떠나야 하는 직장임을 생각한다면 여기에 프로의식이 추가되어야 한다.

나는 오랜 기간 직장에서 엔지니어로 근무했다. 누구보다 열심히 직장생활을 했다고 자부한다. 하지만 "당신 스스로 전문가라고 생각합니까?"라고 물으면 답하기 부끄럽다. 우선 직장에서 담당하는 일은 하지만 전문성을 가진 최고인지 부끄럽다. 전문적 깊이와 누군가를 가르칠 만한 근거가 없기 때문이다.

가끔, 후배들의 일하는 모습을 보고 조언한다. 직급에 맞지 않는 서툰 보고서나 자기관리에 미흡한 후배를 보면 이야기한다.

"좀 제대로 해보자. 이제 많이 해봤잖아. 프로처럼 해봐!"

이렇게 말하면서도 부끄럽다. 당시는 좀 더 열심히 집중해서 일하라는 조언이지만, 정작 나 자신은 프로인가 반성한다. 단지, 먼저 경험해 봤다는 선행 지식만 있는 것은 아닌지 말이다.

우리 직장인이 전문가의 깊이와 지위를 얻는 방법도 있다. 나도 언젠가부터는 나의 일을 다시 돌아보며 생각하는 시간을 가졌다. 직접적인 계기는 중간관리자로 후배들을 이끌고, 업무를 가르치는 위치에 있으면서부터다. 말로만 "이렇게 해라", "저렇게 하면 된다"라고 하지만 근거와 자료가 없어 곤란함을 느꼈다. 그래서 다음의 방법으로 조금씩 보완했다.

첫째, 자신이 일의 '프로'라고 생각하라. 자기 일에 의미를 부여해보자. 직장에서 필요한 일이기에 잘하고자 하는 욕심을 가져야 한다. 단순처리가 아니고 '왜 해야 하는지?', '어떻게 하면 잘할 수 있는지?'를 항상 생각해본다. 스스로 자신의 일을 낮게 생각하지 말자. 그 분야의 깊이 있는 탐구를 위해서는 별도의 공부를 해야 한다. 전문 서적을 통해 공부하는 것이 필요하다. 남들과 같은 처리로는 차별화할 수 없다.

둘째, 자신의 노하우를 기록하라. 오랜 기간 직장생활을 했다면 수많은 배움과 실패가 있었을 것이다. 우리가 잊고 반복해서 습득한 지식은 가치 있는 것이다. 경험을 통해 배운 노하우는 누구도 알 수 없는 교과서다. 다시 시작하는 후배들이 같은 시행착오를 겪어서는 안 된다. 이 노하우를 전수할 때 우리는 진정 프로다. 전문적 식견을 가지고 바르게 코칭할 수 있다. 내가 아는 것을 말로 하는 것과 문서로 공유하는 것은 큰 차이가 있다. 문서는 근거가 된다. 자신을 진정 프로로 만드는 지름길이다. 사내에서 자신의 자료가 표준이 될 때 사람들은 과연 누구를 최고로 여기겠는가?

셋째, 세상에 자기 일을 펼쳐라. 자신이 잘하는 업무를 세상과 소통해 격을 높일 필요가 있다. 지금은 세상과 소통하기 좋은 환경이다. 자신의 노하우를 블로그, 카페, 인스타그램 나아가서는 유튜브에 올릴 수 있다. 평범한 직장인들도 자신의 노하우를 세상에 펼치며 가치를 높이고 있다. 유튜브에는 우리가 상상하는 특별한 것들만이 있는 것으로 생각한다. 하지만 상상하기 어려운 사소한 것, 별 것 아닌 것도 다양한 지식이 된다. 필요한 사람에게는 귀한 정보가 된다.

더 나아가서는 자신의 지식을 책으로 출간하는 것도 좋다. 평범한 직장인인 나도 이런 과정을 거쳐 자기계발서를 출간한 작가로 활동하고 있다. 책은 전문가로 인정하는 결과물이다. 책 출간 후에 나는 더 성장했다. 진짜 프로가 되고픈 마음에 원인과 원리를 찾고 깊이를 더하고자 글을 쓴다. 마음가짐 또한 프로에게 맞는 태도로 바뀌는 것 같다. 모두 긍정적인 발전이다.

직장에서 오래 근무하는 것은 대단한 일이다. 근면 성실과 자기 일에 흠이 없다는 증거다. 하지만 오래 근무했다고 전문가로 인정받는 것은 아니다. 단순 처리 위주의 자기 일을 프로의 식견을 가지고 전문가로 변경해야 한다. 남다른 깊이와 전체를 보는 능력을 인정받아야 한다. 언제까지 회사에 의지할 것인가? 자신의 전문적 실력으로 남다른 차별화를 준비해야 한다. 계획을 세우고, 자신의 가치를 높이는 노력을 한다면 전문가로 불릴 수 있다. 지금은 세상과 소통하는 다양한 방법이 있어 많은 사람이 자신의 역량을 펼친다. 지금 당신의 일은 무엇과도 비교할 수 없는 귀중한 가치다. 당신이 알고 있는 노하우를 마음껏 펼쳐보길 바란다. 내일은 당신이 유튜브의 주인공이 되어 보지 않겠는가?

지시를 기다리는 사람 VS
스스로 결정하는 사람

최근 집 근처에 쇼핑몰이 새로 생겨 가족과 같이 간 일이 있었다. 나는 잠시만 구경하고 주로 카페에서 기다린다. 주요 상품이나 브랜드에 익숙하지 않다. 그런데 내 눈에 들어온 익숙한 메이커가 있었다. 바로 '코닥'이었다. 노란 바탕에 'KODAK'이라는 선명한 글자가 들어왔다. '어! 이 메이커는 과거 필름의 대명사였는데, 옷도 만드나?' 하는 생각이 들었다.

알고 보니 딸아이가 전하는 말에 의하면 요즘 인기 있는 브랜드였다. 유명 연예인이 광고모델로 학생들에게는 잘 알려졌다. 한동안 볼 수 없었던 회사를 다른 상품으로 보니 영원한 제품은 없구나 하는 생각이 들었다. 이 회사는 필름 사업의 흐름 변화를 적기에 결정하지 못해 한동안 고생한 것으로 알고 있다. 궁금한 것은 지금의 패션 사업은 고객의 지시인지 회사 스스로의 결정인가 하는 것이다. 나와는 상관없는 회사지만 잘된 결정이길 바란다.

동구는 답답했다. 같은 팀인 연 과장을 보고 있으면 왠지 측은한 마음이 들었다. 팀에서 교육 담당을 동구가 맡고 있다. 코로나가 잠시 소강상태를 보이자 그동안 막혔던 사외교육이 일부 개설되었고, 교육 신청을 받고 있다.

"과장님, 교육 신청해주세요. 이번이 올해 마지막 기회가 될 것 같아요."

"응! 알았어요. 다른 사람들은 무슨 교육 신청했어?"

"네, 다양한데요. 조 주임은 품질기초 교육, 구 과장님은 원가 교육, 다 자기에게 필요한 교육을 신청했어요. 서두르셔서 내일까지는 주셔야 해요."

그러나 다음 날 오후가 되어도 연 과장은 교육 신청을 하지 못하고 있다.

"과장님 이제는 신청하셔야 해요."

"응, 알았어! 팀장님에게 조언을 좀 구하고 결정할게!"

연 과장은 결국 교육을 받지 못했다. 팀장이 현지에서 퇴근하면서 만나지 못했고, 다음 날 바로 마감되었다. 코로나라는 어려운 환경에도 불구하고 좋은 교육 기회였는데, 놓치고 말았다.

'왜? 결정을 못 하시지? 자기에게 필요한 부분을 결정하면 될 텐데!'

자기 일을 결정하지 못하는 연 과장을 보며 동구는 답답했다. 만약 최 팀장이 정해서 하라고 강제하듯 지시했다면 연 과장의 혼란은 없었을 것이다. 결정이 필요 없기 때문이다.

당신은 오늘 아침에 어떤 결정을 했는가? 아침에 아무 결정을 하지 않았다고? 아니다. 우리는 의식하지 못한 채 수많은 결정을 한다. 나는 아침부터 결정의 연속이었다. 좀 늦었는데 우유를 먹고 갈지, 말지 하는 결정을 두고, 결국 속이 조금 거북해서 먹지 않는 결정을 내렸다. 대신 아침에 모닝커피를 마셨다. 동료와 같이 마시자고 할까 말까 잠시 망설였다. 마스크를 높이 올려 쓴 동료에게 코로나 시국에 눈치 보며 커피 마시자는 이야기가 나오지 않았다. 따지고 보면 결정의 연속이다. 큰 결정도 했다. 오늘 오전에 까다로운 보고를 했다. 조금 일찍 서두르기로 한 결정이 좋았다. 금일 첫 보고라 잘 끝났고, 대기 시간이 없어 잘 판단하고 결정했다고 생각했다.

우리가 큰일이라 여기지 않아 쉽게 지나쳐버린 일도 결정을 통해 행동한다. 사적인 일이야 잘 모르지만, 직장에서 많은 시간을 보내다 보면 결정을 주저하는 사람이 있다. 특히 직장에는 각자의 일이 있고, 또 권한과 책임이 뒷받침되면서 더욱 어려움을 겪는다. 물론 결정하기가 쉽지 않다. 다른 사람의 의견에 너무 신경 쓰면서 결정을 주저한다. 또 누군가 조금이라도 반대하면 금세 자신감을 잃어 불안해한다. 갈팡질팡하는 자기 자신에게 실망한다. 이렇게 되면 차라리 정해주면 좋겠다는 생각까지 한다.

결정을 잘하는 건 좋은 역량이다. 특히 직장생활에서는 기본적인 능력으로 필요하다. 결정이 필요할 때 제때 판단해서 결정을 해주지 못하는 상사가 있다. 물론 리더의 고뇌는 필요하다. 함부로 대충 결정할 수 없다. 하지만 결정을 회피하고 지연하면 자신뿐만 아니라 팀 전체의 역량을 발휘하지 못한다. 평가나 평판도 좋을 리 없다. 결정을 해야 하는 위치나 상황에서는 결정해야 한다. 부족하더라도 결정을 해서 보완하는 것이 필요하다. 리더에게 더 요구되는 상황이지만 누구든지 역할에 맞는 결정을 해야 한다.

결정은 책임과 권한을 더 크게 키운다. 결정한다는 것은 자신의 권한을 행사하는 것이다. 자신에게 주어진 책임을 진다는 의미도 있다. 당당히 자신에게 주어진 범위에서 결정함으로써 능력을 보여준다. 주어진 지시만 따른다면 자신의 권한을 스스로 축소하는 것이다. 왜냐하면 책임의 부담을 지기 싫다는 다른 표현이기 때문이다. 그만큼 권한도 축소된다.

평소에도 결정을 잘하지 못하는 직원은 사소한 것에서도 알 수 있다. 점심시간에 구내식당에는 두 가지 메뉴가 준비된다. 대부분 한식과 별미다. 그런데 동료 중 한 사람이 같이 식사할 때마다 "아! 저걸 먹을 걸 그랬나!"라고 한다. 매번 그런 식이다 보니 동료들이 좋아할 리 없다. 자신이 선택하고 결정한 후인데, 왜 그렇게 후회가 많은지 측은하다.

나도 중간관리자로서 역할을 하면서 중요한 결정을 할 때는 어려움이 있다. 중요 사항을 잘 체크해서 빠른 결정을 하는 이를 볼 때면 부럽다. 결정을 잘하지 않는다고, 책임을 지지 않는다고 꾸중을 들은 적도 있다. 그래서 결정과 관련된 책을 보면 나도 모르게 내용을 들여다보는 습관이 들었다. 이것도 자주 해보고 습관을 학습하면 능력을 키울 수 있다. 처음에는 이런 결정을 하는 상황에 익숙하지 않기 때문이다. 처음부터 결정을 잘하는 사람은 없다. 책임과 권한에 맞는 역할을 작은 위치에서부터 꾸준히 학습해야 한다. 결정의 어려움은 극복하고 학습하는 것이다. 결정에 도움을 주는 세 가지 방법이 있다.

첫째, '나는 결정을 하지 못한다'라는 생각을 버린다. 처음부터 완벽하게 결정을 하는 사람은 없다. 자신이 특별히 '결정 결함'이 있다고 자꾸 생각하면 더 어려워진다. 자신감을 가지고 고정관념에서 벗어나야 한다. 작은 것에서 자신감을 가질 필요가 있다. 일상에서 자신이 결정한 것이 잘되었다고 생각해보는 연습이 도움이 된다. '틀리면 어때!' 하고 자신이 결정하고 행동해보는 것도 도움이 된다. 어떻게 하다 보니 일이 진행되는 것보다는 '내가 결정했다'고 다짐하고 결과를 보자.

둘째, 완벽한 시간을 기다리지 않는다. 우리가 결정을 주저하는 것은 더 좋은 조건이 발생될 것에 대한 기대 때문이다. 지금에 대해 자신감이 부족하면 바로 결정하기 어려워진다. 더 기다리면 지금을 회피할 수 있고 더 좋은 상황이 될 수 있다는 막연한 기대 때문이다. 이때는 기간을 정해놓고 결정을 유도하면 막연한 기대를 막을 수 있다. 정해진 시간까지는 신중히 검토하고 생각해본다. 하지만 그래도 결정되지 않았다면 선택할 시간임을 알고 선택할 필요가 있다. 생각이 없거나 즉흥적인 것은 아니다. 이 시간까지 검토했으니 문제는 없을 것으로 본다. 만약 주저한다면 처음 생각한 걸 선택하는 건 어떨까 생각한다. 바로 내가 세운 기준으로 결정하는 것이다. 왜, 시험을 볼 때 두 번 생각하는 때도 있는데 처음 생각한 게 답일 경우가 많지 않은가. 물론 신중에 신중을 기해야 한다는 것은 매우 중요하다.

셋째, 나쁜 결정을 할지도 모른다는 생각을 버린다. 결정도 하기 전에 '혹시 나쁜 결정이면 어떻게 하지?' 하는 부정적 생각을 한다. 자신 없는 상태에서 너무 많은 시간을 생각하면 오히려 결정이 두려워진다. 무조건 빨리 결정하는 것이 능사는 아니다. 어느 정도 고민했다 싶으면 자신감을 가지는 행동이 중요하다. 세상에서 좋은 결정이란 결과가 좋은 것이 아니라 자신이 후회 없고 만족하는 결정이다. 결정은 나 자신의 생각과 행동이기 때문이다.

사실 직장에서 결정할 위치에 있지 않아 결정할 일이 없다고 생각할지도 모르겠다. 더 버려야 하는 습관은 일을 기다리는 것이다. 결정을 쉽게 하지 못하거나 지연되는 것은 쉬운 일이 아니기 때문일 것이다. 이보다 일을 기다리는 것은 더 큰 문제다. 문제 제기만 하고 내 일이 끝났다고 생각해서는 안 된다.

좀 더 깊은 생각을 하는 사람은 재요청한다. 결정에 걸림돌이 되는 이유를 물어 같이 고민하고 해결 방안을 찾는다. 그리고 적극적으로 자신의 의견을 표출한다. 결정은 당신의 몫이다. 잘못되면 책임은 전적으로 당신이 져야 한다는 그릇된 생각을 가져서는 안 된다. 자신이 결정하는 위치에 있지 않더라도 적극적으로 요청해야 한다. 또 자신의 의견을 제시하는 것은 이미 자신은 마음속으로 결정한 상태다. 다만, 승인을 받지 못했을 뿐이다. 자신이 근거와 데이터를 가지고 스스로 결정했다면 다행이다.

우리는 살아가면서 많은 결정을 한다. 그러나 학창 시절에는 부모님 영향을 많이 받았다. 진학 문제나 취업, 결혼 등을 자신이 선택해도 부모님과 상의하며 결정했던 것 같다. 개인적으로 최근에 결정한 일이 있다. 책을 읽으며 책을 좋아하는 사람은 많다. 하지만 책을 저술하는 작가가 되는 경우는 흔치 않다. 하지만 내 생각과 경험을 책으로 펼쳐보자던 막연한 희망 사항을 품은 적이 있다. 이를 현실로 바꾼 책 쓰기를 배운 것은 잘한 결정이다. '내가 할 수 있을까? 주제넘게 무슨 작가야, 책은 아무나 쓰나?' 하며 주저하던 시기가 있었다. 몇 주를 생각한 끝에 도전하듯 결정한 책 쓰기는 정말 잘한 결정이고 감사하고 있다. 그야말로 나를 한 단계 업그레이드시키는 과정을 겪는 것 같다. 새로운 경험으로 도전하면 안 되는 일이 없다는 자신감을 가졌다. 또 시간의 소중함을 깨닫게 되었다. 막연하게 기다리는 시간이 없어졌다. 내 마음의 넓이를 키워준 결정은 소중했다.

어렵다고, 회피한다고 해결되지 않는다. 결정이라는 것도 해봐야 는다. 직장에서 지시만 기다리면 일은 쉬워진다. 빨리 해결될 수도 있다. 하지만 주도하지 않고서는 자신이 만족하지 못한다. 리더로서의 자질에서 멀어진다.

미국의 베스트셀러 작가이자 결정 전략가인 애니 듀크(Annie Duke)는 《결정, 흔들리지 않고 마음먹은 대로》에서 결정 습관을 만들어야 한다고 했다. 특히 테드(TED) 강연 등을 통해 보면, 성공하는 사람들의 공통점은 현명한 결정인데, '결정 잘하는 법'을 익히고 그들만의 결정 습관을 만들었다.

결정을 빨리하는 동료를 보면 시원시원하다. 거기다 결과까지 좋으면 금상첨화다. 더 중요한 것은 결정한 이후 어떻게 하느냐다. 그래서 결정을 잘하는 동료는 결정할 때까지 에너지를 소진하지 않는다. 특히, 결정을 잘하는 사람들의 특징은 결과보다는 '자신의 결정에 스스로 만족하는 능력'에 초점을 맞춘다. 자신의 결정을 스스로 존중한다. 타인의 무심한 말, 지시의 훈계, 질투의 비아냥에 절대 흔들리지 않는다. 자신의 기준이 있기 때문이다. 결정을 할 수 있는 반복적 학습을 경험해서 습관으로 만들어야 한다. 오늘 하루 내린 수많은 결정을 뒤돌아보고 자신의 결정을 존중해보자. 내일의 결정이 기대될 것이다.

실패 노트를
기록하라

혹시 학창시절에 틀렸던 문제를 또 틀린 경험이 있지 않은가? 가령 수학 문제에서 같은 유형인데 숫자만 틀렸을 때 말이다. '아, 지난번에 나왔던 문제인데' 하고 헷갈리는 상황의 경험이 있다. 정확히 알아두지 않았으니 이번에도 감으로 선택한다. 후회가 밀려온다. 시험이 끝난 뒤 정확한 복기를 하지 않아 유형만 눈에 익기 때문이다. 이럴 때 공부 잘하는 수재들은 '오답 노트'를 작성한다. 모르거나 헷갈리는 등 정확히 알지 못하는 유형을 기록해서 반복해서 학습한다. 어차피 시험 문제도 비슷한 유형의 문제에서 일부 응용이 되는 경우가 많다. '오답 노트'는 자신의 취약한 문제를 반복적으로 학습하게 한다. 또한, 원리와 근본 원인을 배워 반복적 오답을 제거하는 방법이다.

그런데 성인이 되고 사회생활을 하면서도 비슷한 경험을 하곤 한다. 특히 직장생활을 하다 보면 같은 실수, 같은 실패를 반복하는 때가 있다. 한두 번은 이해하는데 반복하다 보면 스스로 무너진다. 업무를 배우거나 습득할 때 제대로 배우지 않은 경우다.

"강 대리 지난번 볼트 누락 불량 건 말이에요. 완전히 원인 분석된 거 아닌가요?"

천 과장이 또 발생한 불량을 보며, 강 대리를 다그치고 있다.

"네, 그게 임시로 조치는 했지만, 정확히 원인을 제거하지 못했습니다. 죄송합니다."

강 대리가 난처한 표정을 지으며 자신 없게 이야기하고 있다.

"벌써 몇 번째 발생했지요? 매번 유형이 같은 건가요?"

"세 번 발생했고, 위치와 시점, 모델이 다릅니다. 같은 현상인 건 맞지만 다른 원인으로 생각됩니다."

"벌써 세 번이나 경험했네요. 각각의 현상을 기록하고 있나요? 개선을 위한 좋은 데이터가 쌓일 것 같네요."

직장생활에서 인정을 받고, 좋은 평가, 긍정의 평판을 받는 것은 중요하다. 자신의 성장과 자신감 상승에 도움을 주기 때문이다. 거대한 프로젝트가 아니더라도 작은 성취가 모여 자신감을 느낀다. 이를 통해 동기가 유발되고 또 성장한다. 잦은 실수, 실패가 모여 자신감을 잃고, 동기가 꺾이기 시작하면 직장생활이 싫어진다.

거창한 프로젝트나 돈이 많이 들어가는 것만이 일이 아니다. 직장생활하면서 일어나는 사소한 일상의 지적을 줄이는 노력을 통해 점점 자신감을 가져 성장한다. 이 부분의 반복적 지적을 어떻게 하면 줄일까 생각해야 한다. 특히 처음 지시를 받아 일할 때 두서없이 일하고 대충 마무리되는 때도 있다. 이때 무엇이 잘못되었는지 많이 배우게 된다. 하지만 기억에 의존하다 보면 다음에 제대로의 의미, 프로세스를 숙지하지 못해 반복적 실패를 겪는다.

나의 경우 처음 투자 업무를 하면서 몇 번의 후회가 있었다. '실패'라고 하는 것이 단지 일의 중대한 결함만을 말하는 것은 아니다. 일을 추진하고 마무리하는 과정에서 자신이 아쉬움과 후회가 없어야 한다. 또 이를 통해 자신이 만족하고 성장한다. 정확한 투자 프로세스를 모르는 상태에서 일하면 일정 지연과 재투자의 오류가 발생한다. 내가 더 후회한 사항은 일이 마무리되어도 제대로 된 프로세스를 숙지하지 않았다는 것이다. 이 상태에서 또 다른 투자를 하면 반복적인 실패로 원하는 품질의 일을 하지 못했다.

이것도 경험을 통해 방법을 찾을 수 있다. 제대로 모르거나 의심되는 프로세스, 논리, 데이터, 실수를 기록하는 것이다. 제대로 된 나만의 맞춤식 방법을 가지고 있고 수시로 본다. 작은 것에서 차곡차곡 쌓여가면서 일의 품질이 향상되었다. 나의 다이어리에는 제대로 알고자 하는 노력으로 갖가지의 방법을 기록해두고 있다.

한동안 내가 어려움을 겪었으나 오히려 전화위복이 된 것이 있다. 직장생활을 하다 보면 주위에 갖가지의 약어가 있다. 많이 접하게 되면 의미나 소통하는 데는 문제 없다. 하지만 정확히 약어를 풀어서 의미를 알고 일을 하는 것과는 차이가 컸다. 그래서 다이어리에 처음 알게 된 약어를 일일이 찾아 정리했다. 지금은 후배들을 가르쳐야 하는 위치에 있으면서 많은 도움이 되고 있다. 그냥 하던 대로 하는 일과 더 좋은 품질을 위해 정확히 기록하고 시행하는 것은 많은 차이가 있었다. '내가 성장하고 있다'라는 자신감이 가득해져 더 만족하고 있다.

직장생활하면서 제대로 업무를 익히는 것은 중요하다. 누구나 처음부터 모든 것을 알고 시작하지는 못한다. 일부 교육을 통해 습득하지만, 한계가 있다. 자신이 겪은 경험에 자신의 생각을 더 할 때 성장한다. 한번 경험하면서 부족한 부분을 어떻게 보완하는지가 중요하다. 실패 노트를 기록하며 보완한다면 더욱 빠르게 적용할 수 있다. 내가 이용하는 실패 노트의 장점을 세 가지로 구분해본다.

첫째, 실패의 근본 원인을 알 수 있게 한다. 일을 진행하면서는 그것이 잘못되어 있다는 것을 모르는 경우가 있다. 또 일정과 목표 위주로 생각하면 나중에 원인을 확인해야지 하면서도 일일이 확인하지 못한다. 일이 마무리되면서 더 알게 되고, 잘못된 사항을 후회하는 아쉬움을 겪는다. 일의 마지막은 보고를 통해 이루어진다. 보완 사항이 있고, 평가도 있다. 보완이 필요한 사항을 다시 찾아보고 기록할 때 진정한 원인을 알 수 있다. 시간이 촉박하지 않고, 많은 조언을 들으며 자신의 생각이 더해지는 시기다.

둘째, 반복적 실패를 방지할 수 있다. 현상을 마주했을 때 주저하는 때도 있다. 제대로 된 방향을 습관화하지 못했고, 리마인드되지 않았기 때문이다. 실패 노트를 기록했다는 것은 부족한 부분을 다시 보았다는 것이다. 리마인드가 확실히 되었다. 이것이 반복되고 생각으로 이어지면 습관으로 연결된다. 몸이 먼저 움직인다. 반복적 실패는 처음의 오류를 제대로 몸에 익히지 않아서인데 기록을 통해 보완할 수 있다.

셋째, 기록을 통한 누적이 자신의 성장에 밑거름이 된다. 직장생활을 오래하면 현상에 대한 경험은 쌓인다. 이론적 평론은 잘한다. "이때 이랬어. 지난번에도 이렇게 했어!" 하고 말하는 이가 주위에 많다. 그들에게 "왜 그래야 하는데?" 하고 이유나 근거 등 조금만 깊숙이 들어가서 질문하면 막힌다. 많은 직장인들이 이런 모습을 보인다. 이때 근거나 데이터를 가지고 있으면 모두가 따라온다. 평소의 정리, 데이터, 기록이 압도하게 된다. 사실 기록을 통한 자료가 많으면 내적 업무 성장에 도움을 준다. 하지만 더 중요한 것은 내 경험으로 보면 자신감 상승이 더 큰 영향을 주었다. 언제든 내가 찾아볼 수 있고, 미리 준비된 상황에서는 말로 표현하기 어려운 보물이 된다.

꼭 직장생활이 아니더라도 우리가 반복적으로 실패하는 것을 방지하려는 방법 중에서 널리 통용되고 있는 것이 있다. 바로 '체크리스트'다. 세계적인 외과의사며, 베스트셀러 작가인 아툴 가완디(Atul Gawande)는 《체크! 체크리스트》에서 반복적 실패 방지를 위해서는 체크리스트가 필요하다고 강조하고 있다. 우리는 이미 초전문가의 시대에 살고 있으며, 한정된 분야에서 최고가 될 때까지 연습에 연습을 거듭하는 일류 전문가로 살고 있다. 그러나 고도의 지식과 전문 기술을 보유한 전문가조차 일상적으로 일어나는 실수를 피할 수 없다. 복잡하고 전문화된 현대사회에서 일어나는 모든 일은 이미 한 사람이 감당할 수 있는 범위를 벗어났다. 체크리스트도 이를 보완하는 하나의 방법으로 제시하고 있다.

나도 체크리스트를 자주 사용하고 있다. 회사에서 설비를 제작해서 검수 단계에서 점검할 때 사용한다. 점검하는 내용 중에 빠진 것은 없는지, 내가 설정한 기준과 실제 데이터는 어떤지 비교할 때 사용한다. 기억에 의존하지 않고 기록물을 보고 확인하는 것은 디테일 측면에서 많은 도움을 주었다. 내가 이렇게 업무에서 체크리스트를 사용해서인지 이후 일상에서 유심히 보게 되는 게 있다. 대형 건물이나 백화점 등 공공 화장실을 자세히 보면 체크리스트가 있다. 시간대별로 청소하고 확인해야 하는 항목이 빠짐없이 있다. 내가 자주 해서 그런가 실제 점검했는지, 형식적으로 기록만 했는지 대부분 점검 사항과 주변을 보면 금방 알 수 있다. 일종의 직업병이라고 할까?

사실 노트에 메모하고 기록하는 것은 쉽지 않다. 우선 습관화하지 않았다면 매우 어렵게 느낄 것이다. 그러나 장점이 많기에 습관화할 필요가 분명 있다. 첫째로 해야 할 일을 잊어버리지 않게 한다. 말로만 하는 게 아니고 기록을 보고 업무를 하면 잊어버리는 실수를 줄일 수 있어 "일 잘한다!"라는 소리를 주변에서 들을 가능성이 크다. 두 번째는 기록을 통해 일의 우선순위를 알게 된다. 나열된 일의 리스트를 보고 있으면 이 일은 언제까지 해야 하는지, 시간이 어느 정도 소유되는지를 쉽게 알기 때문이다. 일의 효율이 상승하는 것을 실제 경험해보길 바란다. 세 번째로 메모는 과거의 반복적 오류를 방지할 수 있어 자신의 내적 역량을 향상한다. 현재의 문제뿐만 아니라 과거에 제대로 알지 못했던 오류까지 학습되어 성장의 속도가 빠르다. 자신이 성장하고 있다고 느낀다.

실패 노트가 꼭 공책일 필요는 없다. 요즘은 휴대폰이 필수품이 된 지

오래다. 항상 휴대하는 곳에 메모하고 수시로 본다면 활용 면에서 우수하다. 지금 가지고 있는 휴대폰으로 한번 검색해보라. 다양한 실패 노트 앱이 있다.

직장에서 '일을 잘한다'라는 것은 실수를 줄이고 자신이 제대로 일을 배워 성장하고 있다는 이야기다. 실패를 많이 한다고 자랑할 필요는 없다. 그러나 일을 하며 실패를 했다는 것은 한 번의 경험을 했다는 이야기다. 경험을 제대로 학습해서 누적할 때 성장한다. 직장에서 오래 근무하면 여러 현상을 경험한다. 하지만 반복적 현상만을 가지고 성장할 수는 없다. 문제 자체를 제거할 수 있는 역량을 갖추어야 한다. 실패의 경험을 기록하고 학습한다면, 불합리 자체를 줄일 수 있다. 현상만을 쫓지 않고 문제를 선도할 수 있다. 우리가 직장에서 인정받고 성공하는 습관은 결국 실패를 줄이려는 노력에서 만들어진다. 결과와 태도를 모두 갖출 때 자신을 다시 보게 된다.

일 잘하는 인재는
성공 패턴을 알고 있다

소소한 일상에서 느낀 점이 있다. 중학생 딸아이가 라면을 끓여주었다. 몇 번 아이 혼자 끓여 먹는 걸 나누어 먹었던 기억이 있는데 맛있게 잘 끓였었다. 하지만 이번에는 라면 세 개를 끓여야 하고, 배고프다는 아빠, 엄마의 재촉이 있었다. 물 조절이 어려웠는지 시간도 오래 걸리고 물이 부족해서 조금 짰다. 그래도 맛있게 먹으면서 바랐다. 간단한 라면 끓이기 같지만 갖가지 경우에 따른 경험과 딸아이만의 패턴을 제대로 익혔으면 하는 마음이 들었다. 흔히 말하는 나는 딸 바보다.

동구는 퇴근 시간이 다 되어가는 줄도 모르고 업무에 집중하고 있었다. 동기인 주 대리에게서 카톡을 받고서야 퇴근 시간을 알았다.

주 대리 : 강 대리, 저녁에 바빠? 별일 있는 건 아닌데, 불타는 금요일이라 그런지 맥주가 생각나서. 퇴근 후 한잔 어때?"

강 대리 : 어, 오랜만에 좋은데! 그런데 어떡하지? 내가 하던 일이 있어 30

분 정도 늦을 것 같아.

　주 대리 : 불타는 금요일에 뭐가 그렇게 바빠? 알았어! 기다릴게!

　강 대리 : 응! 1/4분기 실적하고 다음 달 계획을 정리하느라고. 미안해, 조금만 기다려!

　주 대리 : 실적 정리하라는 지시 있었어? 난 아직 받은 게 없는데….

　강 대리 : 별도 지시가 있었던 건 아닌데, 실적이 저조하거든. 내가 예측하는 패턴에서 벗어나고 있어서 정리하고 있어.

　'패턴? 지시가 있었던 것도 아니고, 형태를 보인다고?' 주 대리의 머릿속이 복잡해지고 있다. 강 대리는 일의 패턴을 알고 있다고?

　일을 잘한다는 것은 자신에게 주어진 업무를 고객이 만족하게 잘 대응하는 것이다. 많은 직장에서 주 52시간 근무제도가 시행되고 있어 근무시간이 줄어들었다. 우리는 주어진 시간 안에 가장 정확하게 빠른 방법을 이용해서 제대로 된 결과물을 얻어야 한다. 상대적으로 고객인 상사가 느끼는 '일 잘하는 것'의 생각은 다르다. 하지만 대체로 일정을 맞추면서 제대로 된 결과물을 내는 사람을 좋게 평가한다.

　우리가 직장에서 하는 일이 매번 새로운 일, '무에서 유'를 찾는 일 같지만, 자세히 들여다보면 반복이다. 시기별로 하루, 일주일, 한 달, 일 년의 반복이다. 한 달의 단기 시간은 눈에 들어오지만 일 년의 반복은 잊어버린다. 반복되는 예측된 업무를 미리 준비하는 사람은 앞서간다.

　업무 성격적으로도 지시를 받고 이에 대응하는 방법을 자신이 알고 있다면 앞서갈 수 있다. 초급사원도 아닌데 매번 새로운 일을 하는 것처럼 방법만 찾으며 일하는 길을 헤매다간 제대로 된 목표를 달성할 수 없다. 자기만의 일의 절차를 파악하고, 절차를 패턴으로 만들어야 한다. 매번 같은 일만 발생하지 않는다. 돌발상황과 특수성의 일을 자기의 패턴 안으로 끌어들여 파악해야 한다. 이미 알고 있다는 듯 자신의 패턴으로 만들면 매번 놀라지 않는다.

흔하게 직장에서 일어나는 일 중 하나가 후배 사원들에게 업무 지시를 하면 우선 양식부터 찾는 것이다. 자기만의 일에 대응하는 패턴을 만들지 못했기 때문이다. 단지 양식이 있고 없고의 문제가 아니다. 자신이 경험한 과거의 일에 대한 누적이 부족하다. 바로 자기만의 무기인 패턴을 이해하지 못하고 가지고 있지 않아서다.

일의 패턴은 프로세스다

일은 시간상으로 형태적으로 반복된다. 이를 풀어가는 다양한 종류의 프로세스가 있다. 프로세스가 준비되어 있으면 당황하지 않고 풀어나갈 수 있다. 상사가 자주 찾는 이들이 바로 패턴을 읽고 프로세스를 가지고 있는 인재들이다.

나는 회사에서 문제가 발생하면 무슨 패턴인가 생각한다. 그리고 어떤 프로세스를 적용해야 하나 생각한다. 일을 풀어나가는 방법이 머릿속에 없으면 효율은 낮아지고, 금세 지친다. 우왕좌왕 혼란만 겪는다. 과거에 내가 그랬다. 일이 생기면 우선 눈에 띄는 일부터 벌여본다. 생각나는 일이 연관성이 없거나 막히면 그때 다시 뒤돌아본다. 시간에 따라 전진해야 하는데 다시 뒤돌아본다. 물론 선배들은 이러면서 배우는 것이라고 한다. 맞다. 처음부터 모든 것을 알아서 잘하는 사람은 없다. 제대로 된 일은 경험과 누적을 통해 배운다. 여기 일을 풀어가는 네 가지의 프로세스를 소개한다.

첫째, 성과 프로세스다. 성과를 내려면 성과를 이해해야 하고 목표와 의도된 계획을 수립하는 프로세스를 알아야 한다. 직장에는 흔히 누가 했는지 모를 모호한 실적을 가지고 성과라고 이해하는 사람이 있다. 우선 성과를 내기 위해 선행되어야 하는 일이 있다. 목표를 수립하고, 의도된 계획이 선행되고 공유되어야 한다. 이후에 제대로 된 실행을 거쳐 목표가 달성되었을 때 평가와 피드백을 통해 성과를 인정한다. 성과도 성과를 내본 사람이 프로세스를 안다.

둘째, 일반 업무 프로세스다. 일반적인 지시나 이슈가 발생해서 처리하는 경우다. 일반 보고자료, 프리젠테이션 준비, 흐름의 분석 등이 이에 해당한다. '이슈에 대한 이해 - 분석 - 방안 검토 - 적용과 관리' 순으로 전개한다. 여기서 중요한 사항은 이슈를 정확히 이해하는 것이다. 상사로부터 지시를 받았다. 정확한 지시사항은 무엇이고, 생각하는 방향이 있는지 이해하는 것이 우선이다. 상사도 지시할 때 지시받은 사항일지 모르고, 내가 이해한 사항이 맞는지 확인해야 한다. 고생은 고생대로 하고 시간을 쏟은 후에 "이게 아닌데?" 하는 이야기는 절대 들어서는 안 된다.

셋째, 문제 해결 프로세스다. '문제 발견 - 계획 - 실행 - 해결' 순으로 진행된다. 문제는 목표나 일반적 현상과 현재가 차이가 나는 현상을 말한다. 문제를 문제로 보는 시각이 중요하다. 가령 매출이 지난달보다 이유 없이 감소했다. 일반적 시각으로 감소 데이터만 본다면 문제를 인식하지 못한다. 왜 감소했는지, 그래서 다음 달에 어떻게 반영할 것인지를 고민한다면 문제로 인식한 것이다. 문제를 상사만 본다고 생각해서는 안 된다. 지시한 사항만을 일로 보는 사람이 있는데, 이는 주도적이지 못하고 피동적인 업무다. 문제를 문제로 인식하는 순간 당신의 역량이 향상된다. 리더의 자질이 보인다.

넷째, 원인 조사 프로세스다. 내가 근무하는 제조업 등에서 많이 요구되는 프로세스다. '현상 - 원인 분석 - 대책 수립 - 시행' 순으로 진행되고, 고장, 품질문제, 사고 등은 원인을 분석해서 해결함으로써 재발을 방지하는 데 목적이 있다. 원인을 정확히 분석해서 제거하지 못하면 제대로 된 대책을 수립할 수 없다. 우리가 빠른 액션으로 조치했다고 생각하는데도 계속 문제가 발생하는 이유는 근본 원인이 제거되지 않았기 때문이다. 임시적인 조치는 빨리하더라도 원인을 끝까지 파헤치는 끈기와 노력이 필요하다.

업무를 효율적으로 하려는 노력은 많이 한다. 궁극적으로 혼란에 빠지지 않고 제대로 빠른 일 처리를 하려고 한다. 매번 새로운 일로 받아들인다면 발전이 늦다. 결국, 문제가 발생하거나 일을 추진할 때 과거의 경험을 바탕으로 효율적으로 하려는 의도다. 이 과거의 경험이 패턴에 집약되었다고 보면 무난하다. 하지만 잊지 않아야 하는 것은 미래에 중점을 두어야 한다는 것이다. 패턴을 파악해 예측을 통해 사전에 발생할 일을 미리 방지하는 측면을 고려해야 한다.

나는 상황에 맞는 패턴을 가지고 있고, 문제가 발생할 때 어떤 패턴을 적용해야 하는지 생각한다. 제대로 된 업무로 효율이 상승함을 몸소 느낀다. 일이 어떻게 진행되고 종료되려면 어떤 결과물이 있어야 하는지 머릿속에서 그려진다. 더불어 앞을 보는 습관이 들었다. 반복적인 일을 보다 보면 다음에는 어떤 일이 일어나고, 무엇을 준비해야 하는지 예측이 된다. 미래를 준비한다고 해서 모든 문제를 제거할 수 있다는 환상을 말하는 것은 아니다. 그러나 먼저 알고 준비한다면 내가 리딩할 수 있다는 이야기다. 시간이 되면 결국은 해야 하는 일도 내가 남들보다 먼저 준비하면 리딩하게 된다. 내가 먼저 만든 양식이 기준이 될 수 있다. 먼저 생각해서 준비한 계획이 기준이 되고, 표준이 되는 경우가 있다. 바로 이것이 업무를 주도하는 것이고, 리딩이다. 자연스럽게 긍정의 평판과 성과를 가져올 수 있다.

앞서 사례에서 동구는 실적 감소라는 데이터 변화를 문제로 보았다. 패턴의 변화를 읽어 문제를 보았고, '문제 해결 프로세스'를 머리에 그려 해결하려고 한다. 우리가 패턴을 읽고 다양한 프로세스를 적용하면서 주의해야 할 사항이 있다. 궁극적인 목적은 우리가 수립한 목표를 달성하는 데 있다. 자칫 프로세스에 얽매여 프로세스 준수 자체가 완료되었다고 생각하면 큰 오류다. 다시 설명하면, 결과물을 내는 것이 중요한데 과정에 빠지는 오류가 있어서는 안 된다는 것이다. 마치 축구 경기에서 골을 넣어 승리하는 것이 중요한데, 공격을 많이 했다고 이기는 것은 아닌 것과 같다. 패턴의 과정을 학습해서 진행하더라도 결과물과 매칭성이 맞는지 계속된 피드백을 확인해야 한다. 방향이 맞는지, 적절한 패턴을 적용한 것인지 계속 확인할 필요가 있다.

열심히 하는 것과 잘하는 것은 다른 개념이다. 열심히 하는 것은 본받아야 하는 좋은 태도다. 하지만 직장에서는 목표와 의도한 계획을 차질 없이 추진해서 성과를 얻어야 잘한다는 평판을 받는다. 다양한 경험을 통한 패턴을 알면 일이 진행되는 과정을 설계할 수 있다. 나를 중심으로 일을 가져오고 추진한다면, 주도하는 것이다. 이를 통해 동기부여가 되고 반복되어 해결되는 일에서 보람과 더 잘하려는 욕심이 생긴다. 일이 생길 때마다 혼란을 겪고 학습만 하지 않아야 한다.

앞서 말한 일을 풀어가는 네 가지의 프로세스를 준비해두길 바란다. 어떠한 무기보다 강력하다. 기회는 항상 준비된 사람만이 갖는다. 패턴과 프로세스를 알고 있으면 미래가 보이고 준비할 수 있다. 바로 리더가 풀어가는 제대로 일하는 방식이다.

실패 후
진짜 배움이 있다

누구든 실패를 좋아할 사람은 없다. 작은 실패는 리스크를 고려해서 감내할 수 있다. 하지만 중대한 실패는 한 사람 또는 큰 기업의 존재에 영향을 미치기도 한다. '원치 않는 실패는 어떻게 하면 줄일 수 있을까?' 하고 나 자신에게 반문해본다. 그런데 사실 리스크를 줄이는 방법 등은 일을 하며 실패에서 얻은 게 많다. 실패하지 않아야 하지만 더 배우고 내가 성장하려면 실패를 두려워해서는 안 된다는 것을 느낀다.

"강 대리, 그것 봐요. 내가 처음부터 어렵다고 했잖아요. 어떻게 할 거야?"

최근 변경된 시스템 측정 데이터 오류로 품질관리팀 천규동 과장이 문제 제기를 했다.

"네 과장님, 측정 시스템이 불안한 부분은 긴급조치하겠습니다. 다만 측정 오류 부분이 있어 당분간은 우리 팀에서 전수 검사해서 보완하겠습니다."

담당인 강 대리가 식은땀을 흘리며 잔뜩 긴장된 얼굴로 대화하고 있다. 일단 모두 검사하면서 시간을 잠시 벌었다. 확인 결과 시작 전 시스템 초기화를 하지 않은 게 문제였다. 다행히 하루 만에 조치되어 동구의 마음이 한결 편안해져 크게 한숨을 쉬고 있다.

"강 대리 이번 시스템 오류의 원인은 뭔가요?"
최 팀장이 시스템 안정과 관련해서 물었다.
"초기 시스템 문제입니다. 지금은 업데이트되어 정상 생산 중입니다."
"아니요. 나는 시스템 호환 문제보다는 프로세스 문제로 보고 있습니다."
"프로세스 문제요? 어떤 프로세스인지…."
"무엇이 문제인지 원인을 찾아보지 않는 게 문제입니다. 오류가 있으면 분석해서 원인을 제거해야 다음에 발생하지 않지. 이런 일련의 문제 해결 프로세스를 거치지 않는 게 가장 큰 문제라고 생각해요. 그럼 강 대리는 이번 실패에서 무엇을 배웠나요?"
"네? 무엇을 배웠는지 생각해보겠습니다."
평소 강 대리답지 않게 이번에는 한없이 작아지는 자신이 미웠다.

나는 종종 수신인을 빠뜨려 재전송하는 실수를 저질렀는데, 송부 키를 누르는 순간 생각이 났다. 조심스럽지 못한 내가 후회됐다. 회의 중 휴대폰을 무음 처리해달라고 했는데, 동료와 이야기하다 놓치는 바람에 전화벨이 크게 울려 모두에게 미안했던 적도 있다. 우리는 살아가면서 많은 실수를 한다. 직장인은 직장에서도 나처럼 사소한 실수를 많이 한다. 실수는 부주의가 원인이다. 한 번 더 보는 확인이 필요하다.

실수와 실패는 다르다. 실수는 과정의 오류를 말한다. 자신이 의도하지 않은 부주의가 주요 원인이다. 오류가 있었지만, 결과에 어떤 영향을 주었는지는 알 수 없다. 실패는 결과를 말한다. 중요한 것은 실패는 의도한 목적을 이루지 못한 것을 말하므로, 계획에 오류가 있었는지 원인을 파악할 필요가 있다. 잦은 실수가 모여 결과적으로 실패가 되기도 한다.

더 중요한 사실이 있다. 실수든 실패든 모든 게 우리에게는 소중한 경험이라는 것이다. 실패 이후에 좋은 경험을 했다고 생각하며 배우려는 습관이 중요하다. 실패했음에도 왜 실패했는지 모르는 것은 초기 실행의 목적과 계획이 모호했기 때문이다. 완벽한 복기를 하지 않으면 반복적 실행에 따른 실패만 있다. 계속된 실패는 도전의 의지를 꺾어버린다. 도전을 포기하는 것은 배울 기회마저 저버리는 행위다. 가장 좋지 않은 습관이 된다.

나는 경험을 통해 일을 배웠다. 그래서 경험의 중요성을 강조하고 있다. 여러 성인이 이야기한 인간 본성의 이론 중 '성선설'과 '성악설'이 있듯, 나는 일에 있어서는 내가 만든 '일 경험설'의 신봉자다. 내가 일을 배웠던 과정을 되돌아보면 경험을 더 중요하게 생각한다. 일을 배우기 위해 교육도 받고, 선배들에게 노하우를 들어 배우기도 했다. 하지만 무엇인가 시도해보고 실패하며 또 이를 학습했다. 이런 경험을 통해 일을 배웠다. 실제 일을 배우는 학습인 경험을 통해 배운다.

또한 우리는 교육을 통해 일을 배운다. 이를 '일 교육설'이라는 이름으로 한번 정리해보았다. 물론 교육을 통해 학습할 수 있다. 하지만 직장에서의 교육은 자신에게 필요한 직무와 관련되거나 포괄적인 인성 교육을 받는다. 주입식이고, 일방적인 전달 교육에서는 자신의 생각이 적어진다. 교육을 통해서는 간절함을 느끼지 못한다.

경험을 통한 배움이 더 실제적 도움이 된다. 경험은 하나의 결과적 체험을 한 것이다. 결과가 좋으면 좋은 대로, 또 좋지 않으면 그 좋지 않은 대로의 원인을 생각하게 된다. 이때 자신의 생각이 더해지기 때문에 습득의 깊이가 더 깊어진다.

경험을 통한 자신의 성장이라고 해서 큰 프로젝트를 수행하면서 배우는 것만은 아니다. 아주 사소한 것일지라도 자신이 실패를 통해 재발하지 않을 때 누적으로 성장한다. 내가 일하면서 체득한 습관들은 모두 실패했던 것들을 통해서다. 직장에서 중요한 업무 중 하나인 보고가 있다. 중요 조사 보고나 특히 지시에 따라 수행하는 보고가 있는데, 단순한 보고가 아닌 것은 중간 보고를 통해 상사와 충분히 공감하는 부분이 필요하다. 잘 알 것 같지만 오래된 직장인도 습관이 되지 않으면 시행하지 못한다. 몇 번의 중요 보고 실패를 통해 내가 배워 시행하고 있는 공감 능력 중 하나다.

업무 중에 주위를 둘러보면 갖가지의 숫자가 있다. 단순한 숫자를 해석하고 의미를 알 때 내가 업무를 주도하고 이를 통해 한 단계 성장한다. 그래서 나는 데이터의 합이나 평균을 통해 오류와 근거를 확인하는 습관을 들였다. 이것도 반복적인 숫자 처리의 실패에서 배웠다.

"데이터 맞는 거야? 끝자리만 더해도 알겠다."

이런 이야기를 무수히 들었다. 또 선배들로부터 데이터 처리를 잘해야 한다는 이야기도 들었다. 하지만 실제 내가 중요성을 인지하고 실패를 경험할 때 비로소 필요성을 더 간절하게 느꼈다.

다양하고 많은 경험을 해야 한다. 자신이 아는 작은 소극적 처리가 다가 아니다. 경험하려면 시도하고 새로운 무엇인가를 해야 된다. 그러나 우리 마음 같지 않게 몸이 움직이지 않는 이유가 있다. 바로 실패의 두려움 때문이다. 새로운 것을 얻고, 이로 인해 경험을 축적하려면 도전해야 한다. 마음은 도전이지만 머리로는 이미 실패를 걱정하고 있는 게 현실이다. 특히 직장이라는 곳이 실적과 성과를 가지고 평가하는 곳이 아닌가? 실수, 실패하지 않으려고만 한다면 도전은 생각하지 못한다. 하지만 성장하고 동기부여를 받아 발전하려면 도전은 필수다. 이 부분은 감내하고 극복해야 할 숙제다.

경험이 중요하다고 매번 모든 걸 새롭게 도전해서 실패하는 무모함을 말하는 것이 아니다. 일상에서 변화를 경험해봐야 한다. 나는 새로운 걸 통해 시험해보고 실패를 보완하는 노하우를 나름 터득했다. 바로 '80 : 20 법칙'을 이용한다. 내 일상 및 업무에서 80%는 내가 아는 확실한 방법으로 빠르게 처리한다. 이미 여러 번 손에 익고 알고 있는 지식이기에 실패는 대부분 없다. 하지만 대부분 싫증이 난다. 빠른 일 처리는 장점이지만 받는 사람이나 나에게 신선함을 주지는 못한다. 리스크도 없지만, 플러스적인 발전도 기대하지 못한다. 그래서 20%는 새롭게 해본다. 우선 무엇인가 새롭게 해야 한다는 생각부터 한다. 소소하게는 일상에서의 출퇴근도 평소 다니는 빠른 길이 아닌, 가끔은 돌아서 가는 다른 길로 다닌다. 일상의 변화와 흐름을 읽기 위해서다. 회사에서도 반복적 업무에 변화를 준다.

'이걸 왜 해야 하지? 다르게 하면 어떨까?' 하고 나에게 반문해본다. 이렇게 하면 사실 매우 피곤하다. 매번 좋은 결과물이 기다리는 건 아니다. 시간이 더 소요되기도 한다. 또 혼자 하는 업무가 아닌 경우는 상대를 설득하고 공감하는 과정을 거쳐야 한다. 실제 내가 해보면 도전을 꺼리는 요인 중 하나가 이 설득과 공감의 어려움 때문이다.

하지만 이런 과정을 겪으며 얻은 배움이 더 크기에 추천한다. 다른 사람의 과거 경험을 통해 배우는 것과 자신이 앞서며 기준을 세우는 것은 많은 차이가 있다. 새롭게 하는 도전을 통해 많은 생각과 고민을 하게 된다. 이 부분이 실제로 자신의 것이 될 때 더할 수 없을 만큼 배운다. 이것이 바로 자신의 경험이고, 그 가치를 인정받게 된다. 결국, 힘들게 도전하고 경험해서 배우려는 의지도 자신을 위해서다. 성장하기 위해서다. 성장은 곧 자신의 가치를 인정받을 때 희열과 내적 성장이 된다. 리스크도 두려움도 이런 희열과 자존감 상승이 더 클 때 충분히 감내할 수 있게 된다.

"동구씨, 이번에 꾸중 많이 들었지? 그래도 배운 게 있는 것 같은데?"

연서가 동구를 위로하기 위해 저녁을 사주고 있다.

"응! 계획 없이 추진한 실패도 문제지만, 그 뒤에 배우고 리마인드하는 부분에 부족함을 느꼈어. 그래도 팀장님이 잘 자극해주셔서 내겐 전화위복이 될 것 같아. 지금은 괜찮아."

동구가 술잔을 들이켜며 무엇인가를 다짐하는 표정으로 연서를 응시한다.

"나도 이제 업무에서 20%의 숨겨진 나의 새로움을 찾아보려고 해."

"음…. 20%를 어떻게 새롭게 할까? 그래도 도전! 우린 젊으니까!"

동구와 연서는 도전과 실패, 배움에 대해 공감하고 있다.

좋은 성과를 내고 인정을 받으려는 마음은 직장인 누구에게나 있다. 새롭게 변화를 주어야 한다는 생각도 있다. 결과가 보장된다면 그나마 어려움을 극복하고 시행할 수 있다. 하지만 무엇보다 결과를 예측할 수 없는 실패의 두려움이 우리를 주저하게 한다. 또 새로운 도전 앞에 놓인 설득과 공감의 어려운 과정을 알기에 발걸음이 멈춘다. 그러나 이런 과정과 리스크 없이 우리는 배움을 통해 성장할 수 없다. 작은 변화에서 실패를 최소화하자. 두려움을 관리할 수 있다. 실수든 실패든 재발하는 것이 문제다. 처음부터 잘하는 사람은 없다. 실패에서 오히려 배우는 것이 더 많다. 자기의 생각을 더해보자. '왜 실패했을까?' 묻는 순간 당신은 이미 성공했다. 당신의 다음이 기대된다.

누가 어떤 성과를 냈는지
보이게 하라

하루에 메일을 얼마나 받는가? 예전에는 우편을 통한 서신으로 연락하고 소통했다. 지금은 회사에서도 메일로 업무를 본다고 할 정도다. 어쩌다 통신에 문제가 생기면 업무가 마비된다. 그만큼 회사에서 메일을 통한 소통은 더 중요해지고 있다.

요즘 코로나로 비대면 업무가 늘어나서인지 나는 하루에 약 150통의 메일을 받는다. 이 중에 중요한 나의 업무와 밀접한 메일은 30%다. 약 30%는 한 번 읽고 휴지통으로 직행하는 단순 알림이다. 굳이 내용을 읽지 않아도 제목으로 정보를 얻을 수 있는 부류다. 약 40%는 내용을 파악하고 필요한 정보만 구분한다. 나의 업무와 밀접한 관련이 있는 30%는 정독해서 대응한다. 필요하면 추가 저장하거나 충분히 시간을 내어 다시 확인한다. 이렇게 많은 메일을 받았지만 정작 내가 알아야 하는 메일을 받지 못할 때가 있다. 다른 사람을 통해 메일을 받을 때 왠지 소외감을 느끼는 건 사람이기 때문일까?

"천 과장님, 중국법인에서 연락받은 거 없으세요? A 업체 볼트 3월 생산분에서 결함이 발생해서 격리 중이랍니다."

강 대리가 중국법인 김 과장에게 들은 불량 볼트와 관련해서 물어보고 있다. 김 과장 말에 따르면 볼트 결함으로 5만 대가 격리 대상으로 현재 긴급 선별 중이라고 했다. 중요한 진행 상황은 품질관리팀 천 과장에게 전달했다는 내용이었다.

"어? 그게 우리와는 상관이 없는 줄 알았는데. 우리 공장에도 들어온 거야?"

"아니! 그런 정보가 있었으면 공유했어야죠. 우리도 같은 제품이 C 차종에 들어갑니다."

"알았어! 관련 메일 보낼게. 선별 방안 바로 파악해볼게."

"네, 알겠습니다. 단순한 사항이 아니니 팀장님들을 포함해서 관련 부서 전체에 공유해주세요. 빨리요."

중요 사항이 공유되지 않아 문제가 확대되는 상황이다. 우리 속담에 "호미로 막을 것을 가래로 막는다"는 표현이 있다. 사례와 같이 일이 공유되지 않아 초기 대응이 가능한 문제가 커지는 경우가 있다. 회사에서 일은 혼자 하는 것이 아니다. 관련된 상대와 협업을 통해 원활하게 각자의 역할에 충실해야 한다. 이때 시너지 효과로 생산성이나 효율이 상승한다. 결국, 일의 공유가 잘된다는 것은 소통이 원활하다는 뜻이다. 앞으로 나아가 개선해도 모자랄 판에 공유가 잘되지 않아 중복되고 타이밍을 놓치는 비효율이 발생한다. 이는 비용의 낭비로 돌아온다.

공유를 통한 협업은 성장할 수 있게 한다. 이것이 보이게 일해야 하는 이유다. 간단한 것 같지만 회사에서 보면 매우 어려움을 느낀다. 사례의 몇 사람에 해당하는 작은 일부터 팀 단위의 중간 공유, 더 크게는 부분의 정보 단절로 어려움을 호소하는 기업이 많다.

일전에 일을 더 잘하기 위해 설문을 한 적이 있다. 현재 문제를 고민했던 자리인데, 1위를 차지한 것이 팀과 부문 간 협업 부제가 성장의 걸림돌이라고 했다. 그래서 다양한 아이디어를 내놓았다. 관련 팀 간 회식 및 정기 협의를 통해 소통을 강조했다. 일부 팀의 정보 독점을 경고하는 이야기도 오갔다. 회사가 성장하고 커질수록 이 문제는 영원한 숙제 같다. 이런 종류의 내부 발전을 위한 설문이나 교육에서 매년 '공유와 협업'에 대한 문제는 있었다. 또 다양한 방법을 연구해서 적용하는 것을 보았다. 그만큼 기업에서는 공유와 협업의 중요성을 인지하고 있다. 하지만 애석하게도 이를 해결하는 뚜렷한 방법을 찾지 못했다.

요즘은 '공유와 협업'을 통한 창조를 강조하고 있다. 뉴스나 온라인에서 보면 '4차 산업혁명'을 강조한다. 국내뿐만 아니라 세계적 기업에서도 이 부분의 중요성을 인지해서 실천하고 있다. 물론 IT 특성의 기업이 주도하고 있다. 일의 시스템을 바꾸기 위해 부단히 노력하고 있다. 우리가 잘 아는 구글, 아마존, 애플, 페이스북(현재 메타) 등의 기업들은 일하는 공간을 먼저 만들고 있다. 폐쇄적 공간을 개방 공간으로 변경하고 있다. 궁극적 목적은 일의 흐름을 공유하기 위해서다.

개인적인 생각으로는 내부 경쟁도 포함되어 있다는 생각이 든다. 공유는 다른 한편에서는 내부 비교를 하게 된다. 공유의 내용과 내 수준을 알게 되면서 동기부여가 된다. 자연스러운 합리적 평가의 시스템이 마련된다고 생각된다.

일이 공유된다는 것은 한목소리, 한곳을 같이 보는 것이다. 일의 시작을 알리고, 누가 어떻게 진행하는지 보는 것이다. 또 완료해야 하는 목표를 같이 본다는 의미다. 일일이 사인하고 검증에 참여하지 않았지만, 목표를 같이 보는 공감이 있다. 공유함으로써 오류나 목표의 변경이 필요하면 진행 과정에서 대응할 수 있다. 공유에는 일부 공감과 합의가 반영되어 있다. 이에 대한 의견이나 변경이 필요한 사항을 조정할 수 있는 배려도 있다.

이렇게 중요한 '보이게 일하는 방법'을 아는가? 나는 일은 혼자 하는 것이 아니고 공감을 얻어 협업해야 한다는 것을 안다. 이를 위해 노력하는 업무수행 방식이 있다. 이 부분에 많은 시간을 들여 업무를 수행한다. 또 공을 들인 만큼 공유를 통해서 일 처리가 수월해지는 것을 본다. 주로 세 가지의 방법을 쓰는데, 간단히 소개한다.

첫째, 메일을 이용해서 공유한다. 업무 대부분을 IT를 이용해서 처리한다. 특히 몇 년째 코로나로 인한 비대면 사회적 거리 두기가 시행되면서는 더욱 비중이 증가하고 있다. 한 번쯤은 경험한 적 있을 것이다. 재택근무로 많은 부분의 업무를 처리하는 능력이 향상했다. 많은 부분에서 메일을 통해 업무가 이루어진다면 이를 통해 '일의 보이기'가 이루어져야 한다. 대부분 사람이 메일을 잘 사용하고 있는 것처럼 보인다. 하지만 자세히 들여다보면 두루뭉술한 일의 개요만 있을 뿐이다. 일의 진행이란 누가 무슨 일을 하고 있고, 목표 대비 어디까지 진행되었는지 보여야 한다. 또 필요하면 근거와 타당성을 검증하는 논리가 오픈되어야 한다. 사실 이런 부분이 미흡하므로 공유가 잘되지 않는다. 아니 해야 함을 알면서도 하지 못하는 것이다. 일에 문제가 발생해서 선택과 결정이 필요한 사항이 있다. 담당자 선에서는 도저히 진전이 없다면 이 역할을 해야 하는 상위 레벨의 선임자를 끌어들여야 한다. 나는 나와 관련된 메일을 볼 때 이 문제를 푸는 역할에 필요한 사람이 모두 수신되었는지 확인한다. 책임의 전가가 아니라 보이게 일하는 공유가 적절한지 확인한다.

둘째, 회의록을 통한 공유의 명확화를 강조한다. 회사에서 업무 공유를 위해 혹은 협의를 위해 많은 회의가 시행되고 있다. 문제는 시간을 들여 협업을 위한 업무 공유가 되었으면 근거를 남겨야 한다. 문제가 무엇이고, 누가 어떤 부분을 담당하는지 역할이 명확해야 한다. 하지만 근래에 보면 협의 후에 기록이 없는 때도 있다. 역시 명확한 업무가 이루어지지 않은 경우다. 이 부분을 제대로 알려주고 있다.

셋째, 보고를 명확화한다. 보고하는 주체는 내용을 알 수 있지만, 관련 팀 혹은 부문에서 알아야 하는 내용을 일일이 공유한다. 알고 있겠거니 하는 추측은 오류를 발생시킨다. 상위권자가 승인하는 것은 이 보고를 관련 상대와 공유하고 협업해서 추진하라는 이야기다. 승인받았으니 일방적으로 추진하면 된다고 통보하거나 공유하지 않으면 불신만 있다. 상대와 관련된 보고의 내용은 먼저 알려주는 게 예의다. 승인을 받는다고 해도 추진하려면 협업해야 한다. 일방적 통보로는 자발적 협력을 얻을 수 없다. 고수와 하수의 차이가 이런 데서 나타난다. 이렇게 보이는 업무가 중요하다는 것을 아는데도 잘되지 않는다. 몇 가지 이유가 있다.

첫째, 업무 능력 부족이다. 메일을 통한 논리나 보고가 잘 이루어지지 못한다. 자신의 업무 능력이 보여줄 수준이 아니기 때문이다. 이렇게 되면 다수의 수신자에게 메일을 보내지 못한다. 누가 반박 논리의 답신이라도 보내면 어떻게 할 줄 모른다. 논리는 논리로 대응하고 데이터는 데이터로 맞대응할 수 있어야 한다. 업무 능력이 부족하면 감정적으로 대응하게 된다.

둘째, 자신감 부족이다. 자기 일을 드러내며 보여주는 상황에 익숙하지 않은 까닭이다. 여러 사람 앞에서 자신을 드러냈을 때 혹시라도 실수할까 걱정한다. 요즘 많이 사용하는 단체 카톡 등에서 자신을 잘 드러내지 않은 사람들이 그렇다. 이 부분은 익숙하지 않아 발생하는 면이 있다. 연습과 훈련을 통해 자신의 능력을 보여줄 수 있다.

지금까지 일을 공유하는 것의 중요함에 대해 말했다. 어느 한 사람의 노력으로 단시간에 공유되지 않는다. 서로 공유되는 관련 집단이 함께 노력해야 한다. 지금은 이런 폐쇄적 업무를 개선하려고 기업에서도 시스템 개선에 노력하고 있다. 특히 IT 및 벤처 기업을 중심으로 변화를 꾀하고 있다. 사실 시작은 실리콘밸리로 통하는 미국의 기업들이 주도하고 있다. 메타의 CEO 마크 저커버그(Mark Zuckerberg)의 사무실은 따로 정해져 있지 않다. 일반 사원과 마찬가지로 빈자리에서 업무를 본다고 한다. 언젠가 텔레비전에서 혁신기업으로 소개되었는데 신선한 느낌을 받았다. 나도 일의 시작을 보이고 과정을 보이려 노력한다. 진행 상황을 보고하며 이를 통해 방향성과 목표를 공유한다. 이렇게 하면서 성과라는 목표를 효율적으로 대응하는 능력이 좋아졌다. 두서없이 일한다든지, 다시 작업해야 하는 효율 저하가 없어졌다.

보고와 공유의 과정에서 많은 피드백을 받는 긍정의 배움이 있었다. 이런 과정을 거치고 학습해서 습관이 되면 자신감을 느끼게 된다. 앞에서도 설명했지만, 자신감을 느끼게 되면 공유하지 못할 일이 없다. 자신이 성장하는 계기가 된다. 무엇보다도 동기부여라는 마음속 기쁨을 느낄 수 있다.

일의 공유는 필요하다. 그리고 그 힘은 정말 강하다. 공유와 협업을 강조하지만, 매번 성장을 방해하는 걸림돌로 인지한다. 이유는 시스템에 있다. 업무의 흐름이 눈에 공유되도록 보이게 일해야 한다. 작은 일이든 큰일이든 시작을 공유해야 한다. 어떻게 일하는지 과정을 거쳐 마지막에 성과의 결과물을 확인해야 한다. 좋은 게 좋은 거라고 공통분모를 찾아서는 경쟁력이 없다. 성과의 주인을 찾아 정당하게 돌려주어야 한다. 일을 주도하고 협업을 정성 들여서 했다면 올바른 평가를 해야 한다. 누가 어떤 성과를 냈는지 보이는 시스템을 만들어야 한다. 그래야 다음에 더 잘하려는 동기부여를 받아 인재로 성장한다. 당신부터 어떤 성과를 냈는지 보여주겠는가?

CHAPTER

04

나를 차별화하는
브랜딩을 하라

변화는 기회다.
변화의 흐름을 읽어라

내가 사는 곳은 경기도 평택이다. 회사 역시 평택에 있다. 나는 새벽에 출근한다. 보통 날이 밝기 전에 운전한다. 요즘은 나이가 들어서인지 주변의 변화에 눈길이 간다. 특히 삼성전자 평택캠퍼스를 지날 때면 무엇인가 변화를 감지한다. 불과 10여 년 전에는 평범했던 논, 밭이 지금은 거대한 건물로 바뀌고 있다. 나도 제법 큰 제조업 공장에 근무하지만, 반도체 공장과는 비교하기 어려운 수준이다. 지금도 계속 짓고 있는데 하루하루 변화하는 건물을 볼 때면 격세지감을 느낀다. '여기에도 거대한 변화의 흐름이 오고 있구나!' 내 주위의 변화에 비해 내가 변화하는 속도가 늦는 것 같아 초조한 마음이 든다.

동구 : 연서씨 내일 저녁 시간 비워줘. 시간 있지?

연서 : 내일? 선약이 있는데. 무슨 일이야?

동구 : 어, 선약이 있어? 오랜만에 영화 보려고 예매하려 했지. 급한 일이야?

연서 : 그러면 안 되겠어! 영화는 다음에 봐도 되잖아. 생산관리팀 맹 준규 차장님에게 유튜브를 알려주기로 했어!

동구 : 맹 차장님도 유튜브 하신대? 정말 대단하시다. 콘텐츠는 혹시 재테크 아니야?

연서 : 맞아! 틈틈이 공부하시는 재테크 강의를 하시려나 봐. 유튜브 촬영 장비도 마련하셨대.

동구 : 다들 유튜브를 하는구나! 유튜브가 역시 흐름이구나!

동구는 아무렇지 않은 듯 말했지만, 속으로 많이 놀랐다. 한참 사내 선배인 맹 차장도 무엇인가를 준비하는 모습이 인상적이었다. 열심히 준비하는 것을 떠나 유튜브는 MZ 세대의 전유물로만 알았는데 변화를 준비하는 모습이 보기 좋았다. 자신도 유튜브 마니아다. 늦도록 게임과 유럽 축구를 보느라 밤잠을 설치곤 한다. 소비자 입장을 넘어 생산자에까지 도전하는 맹 차장이 다시 보이기 시작했다.

우리는 지금 변화의 중심에 있다. 바로 코로나가 몰고 온 변화다. 2년을 훌쩍 넘겨 이제는 적응할 만도 한데 여전히 마스크를 쓰는 것은 불편하다. 그래도 지켜야 하는 상황이다. '나 한 사람쯤이야' 해서는 이 위기를 벗어날 수 없다.

코로나가 몰고 온 변화는 무엇보다도 사회적 거리 두기다. 모여서 집단으로 행동해야 강한 힘이 있다고 교육받았지만, 지금은 1인 위주의 개인 생활로 바뀌었다. 또 사람은 변화가 필요한 곳에 발명이 있다고 하지 않았던가? 다양한 형태의 방식이 생겼다. 온라인 수업이 활성화되었고, 줌이나 팀즈 등 비대면 교육이 강력하게 등장했다. 나도 비대면 수업을 통해 학습하는 것들이 많다. 초기에는 학습 능력이 떨어질 것으로 생각했지만 우려에 불과했다. 오히려 장점이 있다. 이동 시간이 절약되어 내 시간을 충분히 활용할 수 있다.

아마 지금은 변화 속을 지나고 있어 인지하고 있지 못한 것 같다. 이 변화가 지나가면 코로나를 전후로 경험한 세대와 경험하지 않은 세대의 구분이 생기지 않을까 생각한다. 마치 우리가 심하게 겪은 IMF의 이전 세대와 이후 세대가 다르듯이 말이다.

변화는 곧 기회다

변화는 기회를 만들어낸다. 또 기회를 잡아 원하는 결과물을 얻는 사람은 반드시 존재한다. 누구나가 기회를 잡는 것은 아니다. "준비된 자만이 기회를 얻는다"라고 했다. 평소에 자신의 능력을 연마해서 검증받아야 한다. 꾸준한 실력과 바른 태도를 갖추어야 변화에 대응할 수 있다. 직장에서 변화를 유난히 싫어하는 이들이 있다. 업무 지시나 새로운 프로젝트가 생겼을 때 "왜 제가 해야 해요?" 하고 물어보는 이들이다. '변화 소비자' 유형이다. 항상 지시나 주어진 일에 익숙하고 새로운 업무에 유난히 약하다. 기존 양식을 먼저 찾고, 작년에 어떻게 했는지, 지난 과거를 업무의 중심에 둔다. 물론 과거를 바탕으로 새로운 창조물이 탄생하지만 지나치게 과거를 중심에 두는 과거 소비형이다.

반면 사례의 맹 차장같이 '변화 생산자'도 있다. 변화를 주도하는 주체가 된다. 꼭 팀을 이끌고, 경영 활동을 하는 높은 분들만이 변화를 생산하는 것은 아니다. 자신이 하는 일의 일부분이라도 새롭게 접근하며 변화를 선도하는 사람은 변화 생산자다.

직장에서 다양한 변화를 줄 수 있다. 회의 중 아이디어가 막혀 있을 때는 브레인스토밍 등 다른 방법을 실천해본다. 업무에서 다양한 시도를 통해 경험을 쌓는다. 이것이 변화에 대비하는 기회의 준비다.

개인도 마찬가지지만, 큰 기업도 대응하지 못하면 존폐 위기를 맞는다. 하지만 위기에서도 변화의 흐름을 긍정으로 바꾼 예도 많다. 정보와 분석력이 큰 기업도 변화의 흐름을 놓치면 큰 곤욕을 치른다. 먼저 변화의 흐름을 놓친 케이스다. 대표적인 기업이 2000년 초까지 승승장구하던 글로벌 휴대폰 제조기업 노키아다. 지금은 스마트폰이 전부라 할 정도로 보급되었다. 삼성과 애플이 선도 기업으로 점유율을 높여가고 있다. 하지만 불과 10여 년 전까지는 노키아가 전 세계 휴대폰 시장 점유율 선도 기업이었다. 스마트폰으로 시장이 급격히 변화할 때 준비되지 않은 기업의 대가는 혹독했다. 고전을 면치 못하다 결국 휴대폰 사업 부분은 마이크로소프트사에 넘어갔다. 노키아는 '1등이라고 하더라도 시대의 흐름을 거부하면 결국 망하게 된다'와 '영원한 1등은 없다'라는 교훈을 보여 주는 상징적인 예가 되었다.

반면에 변화의 흐름을 읽어 전화위복이 된 사례도 있다. 바로 후지필름이다. 역시 카메라 시장도 20년 전까지는 필름 카메라가 약 80여 년간 대중화하면서 성장했다. 후지필름도 필름 제조가 주 품목으로 변화의 소용돌이에 들어갈 상태였다. 하지만 변해야 한다는 절박함으로 극복을 한 사례로, 디지털카메라의 보급이라는 시장 변화를 감지했다. 지금에 안주하지 않고 절박한 심정으로 사업 다각화를 시행했다. 잘나가고 있는 필름 제조를 축소하고 다양한 사업군을 시험했다. 지금은 헬스케어, 광학기기, 사무자동화기기 등 사업군을 변경해서 변화에 성공했다.

우리는 변화를 두려워해서는 안 된다. 변화를 쉽게 받아들이지 못하는 근본적인 이유는 두려움 때문이다. 기존의 것이 익숙하고 편해서 변화를 좋아하지 않는 것처럼 말한다. 변화에 적응하려면 기존의 것은 일부 내려놓아야 한다. 시간을 들여 새로운 것을 배우는 수고를 해야 함은 물론이다. 또 적응하려면 시행착오를 겪을 수 있다.

하지만 변화를 부정적으로 생각하는 것은 실패에 대한 두려움 때문이 아닐까? 새로운 것에 대한 시작은 도전이다. 우리가 한두 번의 변화를 위한 도전 속에서 때론 실패를 경험할 수 있다. 하지만 거기서 무엇인가를 배우고 다시 일어서서 달려야 함을 안다. 하지만 그 어려움을 알기에 쉽게 도전하지 못한다. 그러나 실패를 빨리 경험할수록 다시 일어설 기회가 있는 것이다. 결국, 자신에게 새로운 기회가 있음을 알아야 한다.

미래에 일어날 변화를 정확히 예측하기란 간단하고 쉬운 일이 아니다. 애널리스트도 수많은 데이터를 분석해서 주식을 예측해도 매번 틀리기 일쑤다. 하지만 직장에서 반복적인 일은 관심과 준비를 통해 앞서나갈 수 있다. 나는 다이어리에 꼼꼼히 메모하고, 과거를 기록한다. 이렇게 현재와 과거를 기록하는 이유는 미래의 일을 준비하기 위해서다. 나는 '배수의 법칙'으로 다이어리를 본다. 예를 들어 오늘 메모 시 내일의 일까지 준비하는 것은 당연하다. 내일 할 일을 볼 때는 모레 일을 본다. 금주 일주일의 일정과 할 일을 정리할 때는 차주 일주일을 같이 본다. 이번 달 일정을 볼 때는 다음 달 일정을 같이 본다. 또 분기를 정리하거나 분기 일정을 볼 때는 차기 분기의 일정을 본다.

이렇게 내 나름의 규칙을 만들어 앞서는 일정을 정리하니 놓치는 업무가 없다. 또 미리 스스로 준비하며 신뢰가 향상되는 긍정의 평판이 있다. 이렇게 하면서 놓쳤던 업무를 준비할 시간적 여유를 가져 오류를 만회할 수 있는 장점이 있다.

직장에서 늘 바쁜 업무로 하루하루를 보낸다. 우리가 인지하지 못해서 그렇지 그 매일매일에도 변화가 있다. 이 흐름을 잘 인지하고 준비하는 것은 중요하다. 이것도 생각하고 습관을 들이면 빠르게 변화를 인지하고 적응할 수 있다.

첫째, 일상에서 스스로 변화를 주어야 한다. 항상 익숙함을 경계하는 것이다. 이유 없이 편하고 저절로 몸이 먼저 움직인다면 다르게 행동해 보는 것이다. 익숙함이 우리의 생각을 굳어버리게 한다. 프랑스 유명 작가 폴 브르제(Paul Charles Joseph Bourget)는 "생각하는 대로 살지 않으면 사는 대로 생각하게 된다"고 했다. 먼저 생각하고, 변화를 주는 행동을 해야 한다. 익숙하게 움직이면 우리의 사고를 닫아버린다. 변화를 인지하지 못하는 자신의 벽을 만든다.

둘째, 흐름을 읽는 안목을 스스로 단련해야 한다. 직장에서는 일부 인원들에게 일이 몰리고 좋은 기회가 간다. 부러우면서도 '저 사람은 운이 좋다', 또는 '인맥이 좋은가?' 생각한다. 하지만 그들이 가지고 있는 실력을 부정해서는 안 된다. 뒤에서 어떤 노력을 했는지, 얼마나 많은 시간을 희생했는지, 그들은 말하지 않는다. 내가 얼마나 준비된 사람인지를 보여주어야 한다. 아니 증명해야 한다.

셋째, 중요한 사항은 소통에서 얻는다. 자신이 가지고 있는 데이터나 지식에는 한계가 있다. 올바른 판단력과 통찰력을 겸비해야 한다. 변화를 인지하고 흐름을 읽었다면 과감한 결정을 할 때가 온다. 결국, 실행을 통해 결과물과 성과를 얻는다. 결정하기 위해서는 자신의 생각에 다른 사람의 생각을 더할 때 훨씬 좋은 성과를 얻을 수 있다. 소통할 수 있는 능력은 자신의 열린 마음을 검증하는 것이다. 가벼운 어울림, 자기 생각을 공유할 수 있는 능력과 사람을 만드는 일에 투자해야 한다.

내가 변하는 것은 잘 보이지 않는다. 하지만 부모가 되어보니, 자녀가 커가는 모습을 볼 때면 무한한 변화를 느낀다. 직장에서도 변화를 뒤쫓아가느라 바쁜 이들이 있다. 일상적 업무, 반복된 지시를 일의 범위에 두면 따라가기 힘들다. 내가 직접 '변화의 생산자'라고 생각해보자. 스스로 익숙한 것들을 돌아보고, 일상의 작은 변화를 느낄 수 있을 것이다.

변화는 또 다른 시작을 의미한다. 과거는 후회해도 소용없다. 다시 시작하는 현재가 중요하다. 준비해야 기회의 장이 열린다. 항상 자신의 능력을 차곡차곡 담아두자. 변화의 기회를 맞았을 때, 이번에는 후회가 없길 바란다. 변화를 읽은 당신의 미래가 기대되는 이유다.

업무 위임을 알 때
크게 성장한다

'우리는 언제쯤 신선한 공기를 마실 수 있을까? 언제쯤 마스크 없이 자유로이 대화할 수 있을까?' 하는 생각을 해본다. 불편을 넘어 자유를 앗아간 코로나가 야속하다. 한동안은 사회나 나 개인에게 우선순위는 코로나 대응이었다. 초기의 공포를 누구나 기억한다. 하지만 요즘은 위험을 덜 느껴서일까? 더 중요한 우선순위에 관심이 생겨서일까? 좀 더 깊은 생각을 하는 시기다.

"근본 원인을 추가 확인해서 정확한 대책을 세워야 합니다."

동구의 목소리가 다소 커져 다들 놀랐다.

"현재 임시조치는 했으니까, 지켜보며 다른 일을 했으면 합니다. 그렇지 않아도 바쁜데요."

같은 팀 연 대리와 설비 고장 조치에 대해 다른 의견으로 언쟁을 벌이고 있다.

"원인을 모르고 대책을 수립하면 또 고장 나고, 반복적인 일만 하게 됩니다. 지금 눈에 띄지 않아도 잠재 요인을 제거하는 게 중요합니다."

"오늘 할 다른 일도 많은데, 우선 가동이 되고 있으니 현재 일을 처리하는 게 좋잖아요."

처음 고장이 발생해서 가동을 위해 우선 긴급조치하는 데는 이견이 없었다. 설비를 가동하는 게 시급하고, 중요한 일이었기에 이 부분에 우선 서로 나서서 대응했다. 하지만 이후 대응하는 방법에는 생각의 차이가 발생했다. 중요성을 우선해야 하는지, 다른 시급한 일을 우선해야 하는지? 시간은 흘러가는데 어떤 일을 먼저 해야 하는지 고민하고 있다.

직장인에게는 각기 다른 일일지라도 해야 하는 업무가 있다. 다소 쉬운 일도 있고, 자신의 역량을 발휘해야 하는 일도 있다. 또, 한 가지 일만 하지 않는다. 지시사항도 여러 개가 있고, 그중에 바로 하지 않는다고 독촉을 하는 상사도 있다. 이 모든 걸 해야 하고 또 순서에 맞게 해야 고과도 좋게 받고, 능력을 인정받는다.

어차피 해야 하는 일이 있고, 또 지금은 근무해야 하는 시간도 정해져 있다. 보다 효율적으로 일하는 방법을 알아둬야 한다. 조직에서 경계해야 할 것은 비효율이다. 같은 일, 혹은 유사한 일을 반복하거나 동료들과 중복으로 시행하는 것이 그 예다. 우리에게는 유한의 시간이 주어진다. 잘못되거나 오류가 있는 제품은 다시 만들면 되지만, 이때 투입된 시간을 되돌릴 수 없다. 소모된 시간이다. 어떻게 하면 시간을 효율적으로 사용할지 고민이 된다.

한번은 일이 많이 쌓여 움직여야 할 신입 후배가 일하지 않는 것처럼 보였다. 그와 대화했다.

"무엇을 해야 할지 모르겠습니다. 중요하고 시급한 일을 하라고들 하십니다. 그런데 정작 무엇이 중요하고, 시급한지 잘 모르겠습니다."

그랬다. 아직 어떤 일이 중요하고 시급한지를 판단하지 못하는 업무 경력이 짧은 후배였던 것이다. 우선순위를 배우기 전에 혼란이 있다면 간단한 방법이 있다. 우선 최근에 지시받거나 새롭게 시작된 일이 먼저다. 중요한 일은 따로 있겠지만 오랜 시간이 지났는데도 찾지 않은 일은 다시 볼 필요가 있다. 몇 주일, 몇 달이 지난 일을 지금 할 필요는 없다.

다음에는 쉬운 일을 먼저 하면 된다. 여러 일이 있으면서 시작하지 못하는 이면에는 시작에 대한 부담 때문인 경우가 많다. 확실하게 하나라도 처리할 수 있는 일이 좋다. 쉬운 일에서 자신감을 느낀다. 또 하나를 하면서 연관된 사항이 같이 해결된다. 자신감을 느끼면서 좀 더 자기 생각을 더할 때 일의 깊이가 보인다.

일을 잘한다는 건 어떤 상황에서든 다른 사람들이 인정한다는 뜻이다. 효율적으로 일하며, 상위 일이 발생했을 때 방향성을 제시할 줄 아는 사람이 일 잘하는 사람이다. 보통 일에서는 잘 구별되지 않는다. 조금 상위의 상황으로 평상시 경험하지 못하는 일에서 필요한 능력이다.

가령 현재 우리가 겪고 있는 코로나 팬데믹이 매년 경험하는 일반적인 독감이었다면 혼란이 없었을 것이다. 이미 우리에게는 일반 독감 대응 매뉴얼이 있고, 매년 쌓아온 경험을 통해 대처하는 능력이 있기 때문이다. 하지만 새로운 상황에서 실제 경험하지 않은 대응은 사전에 준비된 사람만이 방향성을 리딩할 수 있다.

누구나 평등하게 하루 24시간을 산다. 참 공평하다. 하지만 하루 24시간을 48시간처럼 사용하는 사람들이 있다. 바로 시간을 사는 사람들이다. 예를 들면 유명 연예인이나 대기업 회장님들은 혼자 하기 힘든 일을 한다. 여러 건의 행사를 장소와 시간에 맞추어 진행한다. 우리 같은 일반인이 혼자 해내기에는 불가능한 일정이다. 내가 해야 하는 일을 나를 위해 다른 사람이 대신해서 준비해주기 때문에 가능하다. 그것도 한두 명이 아니라 수십 명이 완벽한 일정과 준비를 한다면 얼마나 많은 시간을 사는 것인가? 나를 위해 일을 위임받아 시행하기 때문에 나는 다른 일을 할 수 있는 것이다. 일종의 '시간 위임'을 받은 것이다.

그러나 직장에서 우리 일반인은 스스로 효율을 높여야 한다. 그러기 위해서는 일의 프로세스와 우선순위를 잘 알아야 한다. 소모적인 시간을 줄여 중요한 일에 집중해야 하는 이유다. 프로세스와 우선순위가 사전에 학습되고, 준비되어야 한다. 이것이 슬기롭게 준비된 자가 리더다.

일의 우선순위를 구별하는 방법은 여러 가지가 있지만, 일반적으로 중요도와 시급성을 기준으로 진행한다. 어떤 일은 중요성 측면에서 꾸준히 준비해야 한다. 또 지금 당장 시작해야 하는 시급성이 우선인 일도 있다. 이를 조합한 네 가지의 특성을 알아두면 우왕좌왕하는 일 없이 효율적으로 실행할 수 있다.

먼저, 중요하고 긴급한 일을 우선 처리한다. 가령 앞서 사례에서와 같이 설비가 고장이 나서 당장 생산을 위한 빠른 조치가 필요하다면 중요하고 긴급한 일에 해당한다. 조금만 학습과 경험을 겸비하면 쉽게 눈에 보이는 사항이다. 문제는 두 번째, 중요하지만 긴급하지 않은 일들이다. 당장 눈에 들어오지도 않고, 효과도 나중에 나타나는 일들이다. 그래서 쉽게 진행하지 못한다. 하지만 소홀히 하면 나중에 감당하기 어려울 정도의 어려움을 겪는다. 바로 효과가 나오지 않기 때문에 일의 프로세스를 정확히 알아야 효과를 보는 사항이다. 독서, 운동, 어학 수준 향상 등 일의 베이스에 해당한다. 세 번째는 시급성이 우선되는 사항으로 '긴급하지만 중요하지 않은 일'이 여기에 해당한다. 이 일의 특성은 중요성이 낮은 일로 업무 위임 등 나눔으로써 역할 분담이 필요하다는 것이다. 나도 시급성의 일은 위임한다. 일의 시작, 기획에서 우왕좌왕할 때 내가 작성한다. 하지만 나머지 일에 대해서는 방법을 알려주고 위임한다. 네 번째는 중요하지도 않고 시급하지도 않은 일이다. 그런데 여기서 주목할 사항이 있다. 내 경험을 더한다면 이 네 번째를 잘 관리해야 한다. 일이 중요한 게 아니다. 이 중요하지도 않고 급하지 않은 일은 줄여야 한다.

직장에서 우리에게 주어진 시간은 주 52시간으로 한정되어 있다. 이 시간에 자신의 성과를 달성하려면 필요 없는 일을 우선 잘 정리해야 한다. 예를 들면, 일 잘하는 이는 중요하지 않고 시급하지 않은 일은 애초에 분류해서 하지 않는다. 하지만 성과를 내지 못하는 사람은 이 일에 많은 시간과 노력을 허비하는 오류를 범한다. 일을 잘한다는 것은 중요한 일을 한다는 의미기도 하다. 필요 없는 일을 하지 않는 것 또한 중요하다.

앞서 사례에서 설명한 것처럼 업무 위임을 알아야 진짜 중요한 일에 집중할 수 있다. 일을 위임한다는 건 책임을 진다는 것이다. 내가 그 일을 잘 알고 위임함으로써 효율을 향상한다. 위임한 나로서는 더 중요한 일에 몰입할 수 있어 시간을 효율화한다. 또 위임을 받는 사람은 상위의 일을 하며 동기부여와 성장을 경험할 수 있고, 일의 전체를 세세히 알아야 진행할 수 있다. 우리가 권한 위임을 적극적으로 시행해야 하는 이유다.

　팀장이나 리더의 역할을 하는 사람들은 업무 위임을 적극적으로 시행해야 한다. 팀의 성과를 위해 팀원이 혼연일체가 되어 역할 분담을 해야 한다. 일을 잘 나누어 제 역할을 할 때 팀이 원활히 돌아간다. 리더 혼자 잘한다고, 또는 다른 이는 서툴다고 자신이 도맡아 일하는 경우가 있다. 참 안타까운 일이다. 공유와 설득을 통해 업무 위임이 될 때 제대로 성과를 낼 수 있다. 스스로 동기부여되는 상태일 때 각자의 역량이 발휘된다. 무엇보다 스스로 성장하려는 동기부여가 있는 일터만큼 신나는 일터는 없다.

　위임 업무를 할 때 괜한 우려는 하지 않았으면 한다. '저 친구가 잘할 수 있을까? 괜히 맡겼다가 사고라도 치면 낭패인데!' 하는 생각은 하지 말자는 것이다. 위임 업무의 핵심은 믿음이다. 믿지 않으면서 권한 위임을 할 수 없다. 작은 사항에 대한 위임 업무를 주고 믿어보자. 우려보다 기대에 부응할 수도 있다. 잘할 수 있다는 자신감과 칭찬을 주어 자신의 능력을 펼쳐보도록 해야 한다.

　위임한다고 업무를 주었는데 "이렇게 해야 해!", "사고 치면 안 돼",

"잘할 수 있지?"라며 간섭하려면 차라리 업무를 위임하지 않는 게 좋다. 서로의 신뢰에 더 좋지 않은 영향을 미친다. 기회를 주고 미흡하다면 코칭을 통해 잘할 수 있도록 독려하는 게 정답이다. 사실 나도 이런 과정을 거쳐 더 잘하려는 동기부여를 받았다. 내가 성장해온 과정을 돌이켜보면 믿음을 줬던 선배들에게 고마움을 느낀다.

탁월한 성과를 내는 인재들은 주어진 상황에서만 움직이지 않는다. 스스로 자신에게 유리한 규칙과 룰(Rule)을 만든다. 사규나 법률적 취업 규칙을 말하지 않는다. 자신이 맡은 조직에서 스스로 기준을 만든다. 가령 어떤 것을 우선순위로 처리하는지 기준을 정한다. 같은 일을 많은 사람이 한다면 누가 정리하고 취합해서 보고하는지 등이다. 사소할지 모르지만, 비효율로 통하는 시간 지연이 의외로 많다.

우리가 직장생활을 하면서 참 듣기 싫은 소리가 있다. 정성을 들이고, 많은 시간을 투입해서 일하고 있는데, "왜 그걸 지금 하냐? 중요한 일 놔두고선!"이라는 말이다. 이런 이야기를 들으면 참 힘이 빠진다. 처음엔 당황하지만 조금 지나면 화가 난다. 하지만 우선순위를 찾지 못한 자신을 후회한다. 우왕좌왕할 때 한 번쯤 생각해보길 바란다. 지금 해야 하는 우선순위의 일은 무엇일까? 자기가 주도한다고 생각해야 한다.

잘하는 것 익숙한 것만 해서는 성장할 수 없다. 더 상위의 일을 보고 도전해야 한다. 현재의 일은 업무 위임을 통해 시간적 효율을 상승시키고, 인재를 육성해야 한다. 위임의 책임을 질 때 내가 더 성장하고 있음을 알아야 한다. 업무 위임을 생각해보고 시행할 때 자신의 기준을 만들고, 큰 그릇을 품을 수 있다. 지금 당신에게 가장 가치 있는 일을 위해 무엇을 위임했는가?

시킨 일만 해서는
차별화할 수 없다

지금은 브랜딩의 시대다. 똑같이 해서는 경쟁력이 없음을 알고 있을 것이다. 상대와 다른 차별화가 우리 주위에도 있다. 우리가 자주 가는 '스타벅스'는 단순히 커피를 파는 개념을 넘어 공간과 문화를 제공하는 차별화로 성공했다. '배달의 민족'은 무엇이든 배달해주면 좋겠다는 고객의 관점을 만족하는 서비스의 차별화로 성장했다. 동네 주변의 많은 가게들의 차별화는 무엇인지 생각한다. 똑같이 해서는 더욱 어려움을 겪을 것이라는 생각이 든다. 요즘은 나를 돌아본다. 나의 차별화는 무엇인가? 지시한 일, 시킨 일에만 길든 직장인은 아닌가 생각한다. '내 브랜드는 뭐지?', '내 평판은 뭐지?' 하고 반문해본다.

"김 대리, 어떻게 토씨 하나 틀리지 않았어. 샘플대로만 작성하면 어떻게 해? 김 대리의 생각은 뭐지? 이래서 차별화할 수 있나요?"

상반기 품질 실적 보고와 관련해서 최 팀장이 김 대리의 보고를 받으며 목소리가 커지고 있다.

"죄송합니다, 팀장님. 작년 자료를 참조만 했습니다."

"아니! 참조만 한 게 이래요? 그대로 복사한 내용으로 밖에는 보이지 않는데."

"…."

"김 대리의 생각이 반영되지 않으면 김 대리 보고서가 아니야. 많이 생각해서 차별화된 자료를 만들어봐요!"

"네, 알겠습니다."

"있는 대로만 하지 말고 남들과 다르게 한다고 생각해요!"

김 대리의 머릿속은 조금 복잡했다.

'샘플대로 하라고 할 땐 언제고 또 차별화하라고 난리시네.'

"시킨 일이나 잘해!"는 직장에서 많이 듣는 말이다. 초급사원 때, 배우는 과정에서 특히 많이 듣는다. 또 그 시절에서는 시킨 일만 잘하면 무난했다. 잘못한다는 꾸중은 듣지 않는다. 오히려 칭찬을 듣기도 한다. 하지만 여기에는 중요한 무엇이 하나 빠져 있다. 바로 내가 빠져 있다. 나의 행동보다는 내 생각이 빠져 있다면 더 큰 문제다.

앞서 사례와 같은 상황을 직장에서는 많이 겪는다. 시킨 대로 했는데 좋은 이야기를 듣지 못하는 상황이다. 있는 자료를 참고해서 하기도 힘들었는데, 이 부분은 알아주지도 않는다. 일하고서도 좋은 이야기를 듣지 못할 때의 상실감은 동기부여를 잃기도 한다. 하지만 자기 생각으로 일하지 않는 습관은 많은 문제를 나타낸다. 주도적으로 일하지 못하는 역량 저하로 오히려 더 심각한 상황을 초래한다. 이로 인한 문제를 정리해본다.

첫째, 지시만을 기다린다. 바로 일을 기다리는 습관이 몸에 밴다. 직장에서 제일 경계해야 하는 업무 습관이다. 자기 일은 자기가 알아서 한다고 생각하지만, 상사가 보았을 때는 시키는 일, 딱 그것만 하는 직원이다. '움직이지 않는다'라는 말을 들었다면 경계해야 한다. 자기 주관이 없다는 말이다.

둘째, 확장성이 축소된다. 스스로 일을 해결해나가며 긍지를 얻고 동기부여를 받는다. 잘하려는 욕심이 뒷받침되어야 자존감이 상승한다. 스스로 이것만 해야지 하는 '생각의 나태함'에 빠져서는 안 된다. 자신의 역량이 커진다고 생각하지 않으면 자신감을 잃는다. 다른 일 전체에 좋지 않은 영향을 준다.

셋째, 좋은 평판을 받지 못한다. 그저 그런 직원으로 남아서는 발전이 없다. 지시는 다른 직원도 받는다. 이때 다른 무엇인가 자기 생각이 동반된 성과가 있을 때 차이가 난다. 다른 면을 보여주는 것이다. '어! 이 친구는 차별화가 있네!'라고 생각될 때 긍정의 평판이 생긴다. 이것이 누적될 때 금세 긍정의 평판이 퍼진다.

'차별화'를 이야기하다 보니, 무조건 다르게 하는 게 능사처럼 보인다. 아니다. 진정한 차별화는 형식보다는 과정과 성과를 내는 결과물이 중요하다. 형식은 결과물을 포장하는 외형에 불과하다. 남들보다 뚜렷한 성과를 내는 실력을 갖추어야 한다. 대충이 아니라 제대로 분석하고, 임시방편이 아니라 깊이 있는 결과물로 차별화를 할 수 있어야 한다. 외형을 단순히 다르게 했다고 차별화에 성공한 것처럼 생각해서는 안 된다. 이 부분을 바르게 생각할 필요가 있다.

차별화의 의미와 가치를 새롭게 깨달은 계기가 있었다. 나는 엔지니어로 한동안 기계를 제작하는 업무를 했다. 이때 이전에 만들어진 설비를 그대로 적용했다. 적용하는 데는 문제가 없었지만 아쉬움이 남았다. 내 생각이 더 반영되었어야 했다는 생각이 들었다. 이후에는 더 좋은 다른 방법은 없을까 하는 의문을 가지고 출발했다. 이전의 자료를 참고는 하되 백지에서 출발하듯 했다. 사실 다른 무엇인가를 더 좋게 하기는 쉽지 않다.

다르게 한다는 것은 창조성이 있어야 하고, 또 결과를 책임져야 하는 부담도 있다. 새롭게 하는 방식은 도전해야 하는 부담과 근거를 확인해야 하는 까다로운 과정이 필요하기 때문이다. 그래서 대부분 사람이 새롭게 하는 것에 대한 두려움이 있다. 하지만 이것을 뛰어넘어 도전하고 새롭게 하는 부담을 넘어야 한다. 이런 과정을 인정해서일까? 이렇게 할 때 만족하는 결과를 얻었다. 무엇보다 내 설비가 되었다. 내가 생각해낸 내 방식의 설비가 되었다. 지금도 내가 아이디어를 낸 설비가 표준으로 적용되고 있다. 이걸 보면서 만족감을 느끼고, 지금도 동기부여가 되고 있다.

이런 과정을 겪으며 나를 차별화하는 습관을 들이고 있다. 일상에서 차별화하기 위해 앞서 언급했던 '80 : 20 법칙'을 항상 생각하고 있다. 80%의 일상적인 행동에서 20%는 항상 새롭게 해보는 것이다.

첫째, 20%의 새로운 보고를 한다. 직장에서 많은 부분이 보고를 통해 업무가 이루어지고 소통한다. 상사의 지시가 있어야 보고를 한다. 보고가 어려운 이유가 항상 끌려다니기 때문이다. 지극히 당연한 일상적인 보고 외에 다른 보고를 해보자. 그때 차별화된 업무를 할 수 있다. 나는 지시하지 않은 20%의 보고를 준비한다. 스스로 알아서 업무를 한다고 할 수 있다. 또 적극적으로 소통하려는 의지가 있음을 보여준다. 지시하지 않은 보고를 준비하는 것은 일상적인 업무 외에 다른 부분에서도 두각을 나타내는 자발적 업무를 말한다. 무엇보다 내 생각이 긍정적이고 적극적으로 움직인다는 생각이 든다. 나 스스로 내 일의 주인임을 밝히는 것이 아닐까?

둘째, 일과의 20%는 다른 일을 해보자. 누구에게나 하루 근무해야 하는 시간은 정해져 있다. 이 시간을 주어진 일이 많다고 늘 하는 업무만 해서는 발전이 없다. 20%는 다른 일을 해보자는 것이다. 나는 아침에 하루 일정을 정리한다. 어떤 일이 벌어지고 어떻게 해야 하는지 다이어리를 보며 10분간 정리한다. 이때 지금은 바쁘지만, 미래를 위한 중요한 일을 놓치지는 않는지 생각한다. 이 부분에 일부 시간을 할애해서 준비한다. 하지만 말처럼 쉽지 않다. 다만, 20%의 중요한 일을 생각하는 것만이라도 의미 있는 시간임을 안다. 그날 하지는 못해도 계속해서 놓치고 있지 않고 조금씩 실행해나간다. 미래를 위해 투자하는 시간이라 생각하면 역시 동기부여를 받는다.

셋째, 나를 위한 시간에 20%를 할애한다. 직장 외 일상에서 나를 위해 20%의 시간을 생각한다. 나를 위한 시간이라지만 사실은 혼자만의 시간을 말한다. 혼자 생각하는 시간에서 나를 다시 찾을 수 있고 발전을 계획할 수 있다. 주로 나는 주말 새벽 시간을 이용해서 내 시간을 갖는다. 지금 잘하고 있는지, 놓치는 것은 없는지 생각을 해본다. 자수성가한 많은 이가 이 시간을 통해 성공했다. 마이크로소프트의 빌 게이츠, 소프트 뱅크의 손정의, 페이스북의 마크 저커버그 등 이분들의 성공 이야기를 들여다보면 혼자만의 사색에서 창조물이 나왔다.

지금은 자기 PR 시대를 넘어 자기 브랜드의 시대다. 톡톡 튀는 걸 싫어해 있는 듯 없는 듯해서는 곤란하다. 지시한 업무를 오류 없이 수행하는 것은 기본이다. 이것마저도 잘하기가 힘든 것 또한 사실이다. 하지만 자기만의 일하는 방식, 스스로 하는 열정, 뛰어난 성과를 포함해서 자기만의 일을 찾아야 한다. 자기만의 브랜드는 무엇인지 한번 생각해봐야 한다. 늘 같은 유형의 업무, 옆 동료와 비슷한 수준의 일을 하고 있다면 돌아봐야 한다. 나를 기억하게 하는 차이점은 무엇인지, 어떻게 기억되고 있는지 평판을 피드백받아야 한다.

나는 이십여 년을 평범한 직장인으로 지냈다. 직장에서도 하는 일에서는 차이가 없는 평범한 직장생활을 했다. 하지만 지금은 일과 후의 삶에서 조금 특별하게 지내고 있다. 바로 독서와 책 쓰기를 통해서다. 독서는 내 삶의 일부가 되었다. 주위에서 책을 많이 읽는 이를 보면 왠지 마음이 통한다. 어떤 책을 읽는지 자연스럽게 물어본다. 책을 읽는 이는 많지만, 책을 쓰는 직장인은 내 주변에서 처음이다. 회사 동료 중에서도 처음이다. 자연스럽게 책을 쓴 직장인으로 각인되었다. 보통의 다른 사람은 없는 것을 가진 나는 이 부분에서 차별화를 가졌다. 책은 그 자체로 긍정의 신호다. 나를 긍정의 사람으로 보는 차별화가 나는 싫지 않다.

다른 사람에게 조금 특별하게 보이는 것이 다가 아니다. 자기 내면의 성숙이 필요하다. 지금도 지인들에게 책을 선물하고, 독서를 권한다. 내가 실제 독서를 통해 자발적 동기부여를 받은 장본인이다. 시간의 소중함을 깨달았고, 할 수 있다는 자신감을 얻었다.

지금은 직장인도 브랜딩의 시대다. 자신이 하는 일이 남들과 다른 일임을 부각해야 한다. 우선 생각부터 계속 차별화하려는 의지가 있어야 한다. 착하고 성실하게 직장생활을 하는 하는 것은 기본이다. 여기에 자신의 분야에서 전문적인 지식과 기술을 쌓으며 가치를 높여야 한다. 남들이 자신의 이름을 언급할 때 떠오르는 긍정의 평판을 만들어야 한다. 일로 생기는 것이 아니다. 계속적으로 지속해서 행동을 보여야 차별화할 수 있다.

힘들게 얻어진 긍정의 차별화는 힘을 얻는다. 쉽게 잊히지 않는 특징이 있다. 힘들게 얻은 만큼 자기만족은 크다.

우리는 직장에서 알게 모르게 경쟁한다. 위로 올라갈수록 더욱 실감한다. 선의의 경쟁은 필요하다. 서로의 발전을 위한 길이다. 나를 브랜드화하는 차별화는 필요하다. 자신의 가치를 내세울 수 있는 특징이기 때문이다. 자기의 생각을 가지고 실행할 때 성과를 얻는다. 시킨 일, 지시하는 일에는 내 생각을 펼치기 어렵다. 지시받은 일을 완벽히 소화하더라도 20%는 딴짓을 해보자. 동기부여와 자신의 발전을 위해서는 필요하다. 자기 일을 할 때 자존감이 상승한다. 현재만을 보지 말고 미래를 내다보자. 계속된 차별화는 긍정의 평판을 넘어 브랜드화된다. 나는 책 쓰는 직장인이다. 또 다른 나의 브랜드는 뭘까 하고 생각한다.

고수는 현장에서
답을 찾는다

    며칠 전 이사하고 책장을 정리하다 추억의 책을 발견했다. 아련한 추억이 있는 책으로 내 마음이 떨렸다. 분명 내가 산 책은 아니고 아들 녀석이 보던 책이었다. 바로 '셜록 홈즈'의 이야기였다. 중학생 때였던 것으로 기억되는데 흥미진진해서 밤을 새워 보던 기억이 생생했다. 추억에 젖어 몇 장을 들추었다. 사건을 해결하는 홈즈가 '범인은 범행현장에 반드시 다시 온다'라고 생각하며 잠복했다. 텔레비전 드라마나 영화로도 제작되어 명절 때면 많이 본 추억의 작품이다. 여러 번 보아도 현장을 중시하던 기억이 있다. 지금 어느 정도 경험이 쌓이면서 알게 되었다. "현장에 모든 답이 있다"고 말하던 선배들의 이야기가 이해되었다. 문제가 풀리지 않을 때는 현장을 먼저 가보는 습관이 '셜록 홈즈'의 영향 때문일까 하는 생각도 해보았다.

    "팀장님! 우리 강 대리 좀 말려주이소!"

현장에서 잔뼈가 굵은 유 반장이 최명호 팀장에게 이번 불량에 관해 이야기하고 있다. 유 반장의 목소리가 더 간절하게 들리고 있다.

"이번 누락 불량은 현장에서 작업 프로세스를 지키지 않아 발생했습니더. 강 대리는 잘못이 없습니더. 그만하라고 하이소. 지금 이틀째 잠도 안 자고 원인을 찾고 있습니더. 그러다 우리 강 대리 쓰러집니더!"

"네, 알겠습니다. 유 반장님!"

최 팀장이 걱정하지 말라는 표정으로 유 반장을 안심시키고 있다.

'녀석 제법인데! 그래도 힘들 텐데 끈기를 가지고 현장부터 확인하네.' 최 팀장이 속으로 혼잣말하고 있다. 입사 초기에는 어떻게 할 줄 몰라 하면서 움직이지 않던 것을 생각하면 많이 발전했다. 문제를 현장에서부터 찾으라고 여러 번 알려준 효과가 이제 몸에 밴 듯했다. 다른 사람 이야기만 듣고 전달하던 모습에서 스스로 행동하는 모습으로 바뀌었다. 최 팀장은 잘 가르친 보람이 있다고 생각됐다. 이번 일이 마무리되면 소주나 한잔 사줘야지 하는 생각을 한다.

직장에서는 갖가지 일이 발생한다. 특히 제조업이나 건설과 같이 현장 중심으로 이루어진 곳은 현장과의 소통이 중요하다. '탁상공론'이라는 말이 있다. 현실과 동떨어진 이야기를 할 때, 현장의 상황을 잘 모르고 원인과 대책을 수립할 때 현장에서 많이 하는 말이다.

평소에는 잘 드러나지 않지만, 문제가 발생했을 때 역량 차이가 난다. 앞서 사례와 비슷한 일이 벌어졌을 때, 초기에는 강 대리도 우왕좌왕했다. 누구의 말을 들으면 전달하기 바빴다. 자신의 생각을 함부로 제시하지 못했다. 자신감의 결여였다. 자신의 눈으로 확인하고 생각하는 시간을 가지지 못했기 때문이다. 현장의 중요성을 알지 못했다. 자신의 업무에 대해서도 남 이야기한다는 말을 들어 속상했다. 문제의 시발점인 현장을 잘 모르면 전달하게 되고 추정만 한다. 현상과 원인을 파헤치지 못하면 반복적인 저항에 부딪혀 지치게 된다. 결국, 포기하고 단념하는 상황으로 이어진다.

그만큼 현장의 상황을 잘 알고 있어야 한다. 현실을 알아야 한다는 이야기다. 우리에게는 다양한 현장이 있다. 현장이 꼭 제조업 공장이나 건설 현장만을 의미하는 것은 아니다. 어떤 의미에서는 모두에게 현장이 있다. 일하는 곳 자체가 현장인 것이다.

가령 선생님에게는 제자를 가르치는 교실이 현장이다. 소상공인 사장님에게는 작은 가게가 현장이다. 병원에 근무하는 의사, 간호사 등은 근무하는 병원, 병실이 현장이다. 바로 우리가 일하는 곳이 현장이다. 현장의 상황을 잘 알아야 하고 역량을 펼치는 곳에 자신의 존재 이유가 있다. 현장에서 승부하고 잘 알아야 하는 이유다.

나는 제조업 엔지니어로 현장의 중요성을 알고 있다. 단순 전달자의 시각에서 보는 현장과 목적을 가지고 보는 현장과는 차이가 있다. 나는 내가 맡은 현장을 자주 간다. 현장이 나의 일터고, 제조 엔지니어의 역량은 현장에서 나오기 때문이다. 현장은 다음의 이유로 중요하다.

첫째, 현상을 정확히 보아야 원인을 알 수 있다. 지금도 초급사원들과 문제 해결을 위해 대화하다 보면 느끼는 점이 있다. 현장을 제대로 보지 않고 상상한다는 것이다. 문제를 볼 수 없는 상황이 아닌데도 문제의 현상을 제대로 보지 않으니 원인을 알 수 없다. 나도 이런 단계를 거쳤고, 지금은 현장을 보는 이유가 바로 문제의 현상을 정확히 보려는 이유에서다. 이래야 내 의견과 생각을 펼칠 수 있다.

"누가 그렇다고 했습니다."

"그랬을 것으로 추정합니다."

이런 이야기로는 내 말을 들어줄 사람이 없다. 내가 정확히 보고 내 의견을 말할 때 리딩할 수 있다. 그리고 사람들도 나를 믿어준다. 이후 일련의 과정이 나를 중심으로 움직인다.

둘째, 현장은 최고의 선생님이다. 나는 문제가 발생해서 방문하기도 하지만 평소에도 부지런히 방문한다. 현장은 문제를 주기도 하지만 답도 준다. 답은 평소의 안정적 조건에서 출발한다. 평소에 조건과 문제가 되는 조건을 상시 비교하고 인지해야 한다. 현장을 꿰뚫고 있어야 이를 응용한 다양한 아이디어를 얻어 발전한다. 여러 보이는 것들을 모방해 보고 여기에 결합이 될 때 새로운 아이디어로 창조된다.

셋째, 평소에 현장에서 근무하는 분들과 소통이 되어야 한다. 그리고 믿음으로 대화해야 한다. 같은 목적을 가졌다 해도, 하는 일에 따라 해야 하는 업무가 다르다. 그만큼 상대를 이해하고 협업해야 한다. '몸이 멀어지면 마음도 멀어진다'고 했다. 현장에 자주 가야 하는 이유다. 같은 목표를 자주 보아야 한다. 대부분 현장 이외 근무는 사무실 근무인데 소통이 잘되어야 오류가 없다. 평소에 신뢰를 얻어야 원활한 소통이 이루어진다. 믿음이 없는 상태라면 두 번 일하게 된다. 신뢰가 없으니 맞는지 따로 확인해야 하는 시간 낭비가 발생하는 것이다. 나의 역량을 계속해서 확인시켜주고, 펼쳐야 한다.

　일 잘하는 고수들은 현장을 떠나지 않는다. 현장을 중시하고 잘 안다는 것은 실무 역량과 실행력을 갖추었다는 것이다. 이론적이고 논리적인 사고를 갖추어도 실천할 수 있는 능력이 부족하면 결과물이 없다. 생각을 실행할 수 있는 능력을 갖추어야 하는 이유다.

　정치인들이 선거 후보나 고위 관료로 거론될 때 자주 하는 말이 있다. 이론과 실무 능력을 겸비한 인재라고 소개하며 경력을 부각한다. 바로 추진력을 돋보이게 하려는 것이다. 정치인들은 결과물을 만들어서 증명해야 한다. 그러기 위해서는 생각을 행동할 수 있다는 능력을 실행력으로 검증받아야 한다. 그만큼 현장을 알아야 풀어나갈 수 있다.

　나는 현장을 광범위하게 생각한다. 나에게는 또 다른 현장이 있다. 중간관리자의 역할이 지금 내가 맡은 위치다. 중간관리자로서 내가 같이 근무하는 동료들이 나의 또 다른 중요한 현장이다. 인재를 알아보고 인재를 성장시키는 일 또한 나에게는 중요한 일이다. 바로 일이 이루어지는 곳, '현장'이다.

　우리의 일이 맞게 가고 있는지, 목표는 명확한지 수시로 확인해야 한다. 실질적으로 팀원이 제 역량을 펼쳐야 팀의 목표를 얻을 수 있다. 그들이 마음 놓고 일할 수 있는 곳, 자율을 동반한 동기부여로 스스로 즐기는 곳, 그곳이 바로 '현장'이다. 요즘은 코로나로 스킨십을 할 수 없다. 기껏해야 주먹 악수로 친밀감을 더한다. 근심은 없는지, 건강은 어떤지 매일 출근하며 안부를 묻는다. 바로 일이 이루어지고 실행하는 곳,

사무실이 '현장'이다.

목표가 모호하고, 앞으로 나아가는 추진력이 그 동력을 잃었을 때 현장을 다시 살핀다. 때론 미팅이나 차를 마시며 지표를 다시 본다. 계획했던 일들의 실적을 분석해서 문제를 보려고 노력한다. 풀리지 않는 문제는 잠시 덮어두고, 소주 한잔으로 마음을 열어보기도 한다. 보이지 않던 답이 마음을 열었을 때 비로소 보이기도 한다. 머리를 맞대어 역량을 극대화한 덕분이다.

세계적인 비즈니스 컨설턴트며 베스트셀러 작가인 브라이언 트레이시(Brian Tracy)는 자신의 저서 《겟 스마트》에서 문제해결에 대해 이야기한다. 성공한 사람들은 하루 중 대부분 해결책을 생각한다. 성공하지 못한 사람은 하루 중 대부분 문제를 생각한다. 성공한 사람들은 문제를 해결하거나 제거하기 위해, 즉 상황을 개선하기 위해 즉시 어떤 행동을 취해야 할지를 생각한다고 했다. 나는 두 가지를 모두 현장에서 찾으려고 노력한다. 문제를 정확히 알고 해결책을 생각하기 위해 현장에 중점을 둔다. 현장에서 생각할 때 더 몰입되고 집중된다. 나에게 현장은 문제의 시발점이자 해결책을 알려줄 답이 있는 곳이다.

우리는 보통 돌발상황이나 난관에 부딪히면 먼저 '어떡하지?'만을 생각한다. 이미 경험이 있고, 해결 방법을 알고 있다면 바로 행동한다. 그러나 오랜 시간 직장생활을 해도 해결하지 못하는 문제는 발생한다. 모든 걸 경험하지 못했더라도 고수는 문제를 푸는 방법을 알고 있다. '셜록 홈즈'처럼 현장을 먼저 정확히 보고 자기 생각을 정리하는 패턴을 갖는다. 단순 전달자가 아니라 자기 생각에 확신을 심어준다. 바로 현장에서 생각하고 해결책을 찾으려고 한다. 실행하고 결과물을 얻는 곳인 현장에 몸과 생각이 있을 때 역량을 갖출 수 있다.

오늘 당신의 문제는 무엇인가? 풀리지 않는 문제를 안고 있는가? 그러면 지금 현장에서 답을 찾고 있길 간절히 바란다.

나를 '일 플레이어'로
인식시켜라

회사에서 가장 중요하다고 강조하는 것 중 하나가 바로 소통이다. 중요하다는데, 많은 사람이 인지하고 있지만, 대부분이 소통이 잘되지 않는다고 생각한다. 친한 동기와 일상대화나 관심 사항인 재테크나 자동차 등을 이야기할 때는 잘 소통된다. 하지만 업무전달이나 상사의 지시사항들에 대해서는 소통이 잘 이루어지지 않는다. 그만큼 소통은 여러 사람의 마음을 이어야 하므로 어렵다. 스포츠 경기에서 많이 경험한다. 축구같이 많은 인원이 경기할 때 선수 간 소통을 강조한다. 각자 개인의 뛰어난 실력이 시너지 효과로 이어지도록 한다. 회사에서도 각자의 뛰어난 잠재 능력이 발휘되도록 소통의 중요성을 강조한다. 직장인이라면 소통의 어려움에 대해 공감할 것 같다.

전화벨이 울린다. 동구의 전화도 받지 않고, 연서는 생각에 잠겨 있다. 무엇이 문제인지 다시 생각해보고 있다. 이틀 전 팀장으로부터 '협력업체 매출 증대 방안'에 대해 지시를 받았다.

"권 대리, 반도체 공급문제로 매출 감소가 예상됩니다. '협력업체 매출 증대 방안'에 대해 대해 검토해서 보고해주세요. 지금이 월요일이니 목요일 아침에 봅시다."

"네, 알겠습니다. 혹시 중점을 두어야 하는 사항이 있으신지요?"

"…."

연서는 어제도 동구와의 데이트 약속을 미루며 늦게까지 각 업체에 즉시 가능한 아이디어를 개발해달라고 연락했다. 방향성이 맞는지 조금 혼돈되는 부분이 있어 '팀장님에게 물어볼까? 메일로 살짝 전달해볼까?' 하는 생각으로 메일을 썼다가 보내지 않았다. 혹시 주관이 없는 것처럼 보일까 봐 그냥 완료 시 보고해야겠다고 생각했다. 사흘 후 나름대로 정성을 다해 보고서를 작성해서 팀장에게 보고했다.

"어! 이게 아닌데. 지금 상반기 실적이 미달인데, 다 뜬구름 잡는 이야기군. 장기 계획 말고 당장 매출을 늘릴 수 있는, 즉시 적용 가능한 방안을 알아봐주세요. 이해가 안 되면 좀 물어보고요. 권 대리, 그렇게 안 봤는데…."

"네, 알겠습니다. 다시 검토하겠습니다."

'처음부터 상반기 대응 방안이라고 알려주시든지, 제대로 알려주지도 않았으면서.'

연서의 마음은 답답했다. 잘 알려주지 않은 팀장을 원망했고, 자세히 물어보지 않은 자신의 행동을 후회했다. 평소에는 소통이 잘되는 듯해도 결정적인 사항에서는 어려움을 느꼈다.

앞서 사례는 보고의 문제가 아니다. 소통의 문제다. 직장에서 일은 사람이 하며, 소통이 중요하다고 했는데 소통이 잘되지 않는 전형적인 사례다. 직장인이라면 한두 번 혹은 지금도 진행 중인 일일 것으로 생각한다. 주변에서 일을 술술 쉽게 풀어나가는 동료들이 있다. 뛰어난 능력이 돋보이는 것 같지도 않은데 일이 몰리고 잘 처리한다.

역시 그들의 주특기는 소통이다. 다른 사람과 여러 방면에서 소통한다. 업무적 이야기만이 아니고 사적인 감정이나 이야기를 계속 주고받는다. 나는 이들을 '일 플레이어'로 부른다. '일 플레이어'는 자기 일의 프로다. 주저하거나 막힘이 없다. 아는 것을 미루거나 하지 않는다. 그래서 고객인 동료들이 볼 때 편하게 일한다. 동료들이 일하고 싶은 마음이 들게 한다.

직장에서 우리가 좋아하는 선택한 일만 하지 않는다. 또 원하는 사람과 관계를 맺어 일하지 않는다. 나와 생각이 다른 동료라도 협업해서 일해야 하고, 원하지 않는 일도 해결해야 한다. 직장은 사교 클럽이 아니고, 맡은 일을 하고 대가를 얻는 곳이다. 나의 가치를 마치 프로 선수처럼 내 능력을 극대화해서 '일 플레이어'로 인식시켜야 한다.

내가 원하는 사람하고만 같이 일할 수 없다. 하지만 개인적으로는 기회가 된다면 같이 일하고 싶은 동료는 있다. 문제는 자기의 능력과 소통력이 있어야 가능하다. 어차피 자신이 맡은 일은 하면 된다. 이럴 때 누군가가 나의 역량과 태도를 높이 평가해서 같이 일하고 싶은 대상이 되면 좋겠다고 생각한다. 반대로 주의해야 하는 것은 누군가가 나와 같이 일하기 꺼린다면 슬픈 일이다.

이런 '일 플레이어'라 불리는 동료들이 내 주변에도 있다. 이들을 관찰하면 네 가지 뛰어난 면이 있다는 것을 알았다. 내가 관찰한 부분을 정리했다.

첫째, 시간 관리 능력이 우수하다. 약속을 잘 지키는 건 기본이고, 주어진 시간에 쉴 새 없이 움직인다. 미리 일을 알고 계획을 수시로 확인하며 들어오는 정보에 맞추어 바로 시행한다. 필요하다면 두 가지 일을 동시에 한다. 바로 '멀티플레이어'로 활약한다. 아침에 여유 있게 출근해서 일을 계획한다. '아침 10분 생각'을 통해 일의 순서와 계획을 준비한다. 일반 동료와 다른 것은 미리 계획이 수립되어 바로 움직인다는 것이다. 일의 준비 시간이 매우 짧다.

둘째, 위기는 자신이 돌파하려고 한다. 일반적인 일에서는 역량이 잘 구분되지 않는다. 생각할 시간이 있고 준비된 프로세스로 처리가 가능한 문제들이다. 진짜 돌발상황 때 누가 어떻게 대응하는가에 따라 직원과 '일 플레이어'가 구분된다. 우리가 많이 보는 축구 경기에서 공격이 많고, 슈팅도 월등하며 볼 점유율도 80%로 우수한데, 경기가 안 풀린다. 이럴 때 더 간절해지는 것은 골을 넣는 '스트라이커'다. 일에서도 마찬가지다. 실제 마지막 2%까지 완벽해서 문제를 해결하는 '일 플레이어'가 필요한 사항이다. 이들은 책임을 떠나 해결은 자신이 아니면 어렵다는 적극적 자세로 일을 대한다. 어찌 문제가 안 풀릴 수 있겠는가?

셋째, 요청으로 자신의 지식을 넓힌다. '일 플레이어'는 일하는 방식을 알고 있다. 독불장군식으로 자신이 아니면 안 된다는 소통의 단절은 없다. 자신이 모르는 사항은 잘 아는 선생님을 모셔온다. 바로 자신보다 더 잘 아는 사람에게 요청하는 것이다. 단순한 사항 같지만, 실제로는 매우 어렵다. 평소에 소통을 통한 인맥이 유지되어야 하고 누가 잘하는지 관심을 가져야 한다. '일 플레이어'는 문제 해결에 다양한 사람들의 능력을 파악하고 활용한다.

넷째, 변화를 두려워하지 않는다. 일을 잘한다고 해서 잘하는 일만 하지 않는다. 마치 축구 경기에서 이기는 상대하고만 경기를 하지 않는 것과 같다. 자기보다 상위의 팀과 경기를 통해 패배하더라도 도전한다. '일 플레이어'는 새로운 일을 통해 성장의 기회를 얻는다. 새로운 일은 변화에 적응해야 하고 시간과 노력을 투자해야 한다. 하지만 이후의 성장을 알기에 과감히 도전한다. 일반적인 직원은 새로운 일을 피하지만 '일 플레이어'는 변화를 기회로 이용한다.

과거에는 한 가지만 잘하면 능력을 인정받고 성장할 수 있었다. 회사도 한 우물형 인재를 요구했다. 하지만 지금은 급속도로 사회가 변화하고 있다. 특히 최근 10여 년은 정말 빠르게 변화하고 있다. IT와 전기차의 변화 속도가 두드러진다. 지금의 급속한 사회변화는 다양한 분야에 대한 능력과 지식을 요구하고 있다. 리더에게는 더더욱 변화의 감지 능력과 대응 능력을 요구한다. 이렇게 여러 능력을 겸비해야 하는 인재를 멀티플레이어라고 흔히 말한다.

'일의 멀티플레이어'는 멈추지 않고 계속 능력을 향상해 자기계발에 힘써야 함을 안다. 또 노력하고 겸손하지 않으면 사람들의 관심에서 멀어진다는 것도 알고 있다. 더 뛰어난 능력의 사람들이 일을 지배할 때 결국 아무 일도 하지 못함을 항상 경계한다. '일의 멀티플레이어'는 자신의 능력과 가치를 잘 알기에 자신과 닮은 능력을 갖춘 사람과 일을 추진하는 특성이 있다.

나는 일 플레이어는 아니다. 꾸준히 노력하고 있지만, 소통 부분에서 부족하다. 특히 후배들이 다가가기 어려운 부분이 있다. 부지런하고 세세한 것까지 확인하는 부분에서 부담을 느낀다. 이런 부분은 계속해서 피드백을 받아 보완하고 있다. 일에 대해서도 '제대로'와 '왜?'를 묻고 정확히 추진할 것을 주문한다. 내가 경험을 통해 배운 소중한 나의 가치다.

나는 여러 가지 일을 한꺼번에 벌이는 유형은 아니다. 아니 하지 못한다. 한 가지에 집중해서 해결하고 나서 새로운 일을 추진한다. 고질적 문제를 여러 번 해결했다. 몇 년에 걸쳐 준비하고 실행한 걸 보면 끈기와 집요함이 있다고 생각한다. 큰 개선을 위해서는 단계가 있음을 알게됐다. 우선 문제를 각인시켜야 한다. 이 시스템에서 이런 문제가 발견되어 조치가 필요하다는 것을 알린다. 한 번으로 부족하다. 상대가 인식되도록 기회가 있을 때마다 보고한다. 다음에는 '이 문제는 이렇게 하면 해결된다'는 것을 각인시켜야 한다. 문제를 알고 있고, 해결 방안이 검토되었음을 알리는 것이다. 나 스스로가 확신이 설 때까지 생각과 방안 이후의 변화를 고려한다. '준비된 일 플레이어'로 나를 바라보게 만드는 것이다.

회사에서도 다양한 기회가 있다. 내가 개선을 위한 완벽한 검토 방안이 있다면 기회를 가져보자. 사실 몇 가지 큰 개선을 했다. 투자 금액도 많이 소요되었다. 하지만 한 번에 시행하지 못하고 여러 가지를 검토했다. 경영환경이 계속해서 변동되면서 기회가 있다. 준비되었다면 다른 준비가 필요치 않다. 추가 검토의 시간도 필요치 않다. 바로 실행할 수 있는 준비를 위해 항상 기회를 보고 준비사항을 연결한다.

직장에서도 주기적인 피드백을 받는 시스템을 만들어야 한다. '우물 안 개구리' 형태의 작은 세상에서 벗어날 필요가 있다. 주어진 일을 제법 하면 자신은 일을 잘한다고 생각하게 된다. 마치 사례의 권 대리처럼 말이다. 하지만 동료나 상사가 보는 관점에서는 다른 부분이 있다. 주도성이 부족하고 업무의 깊이가 아쉬운 경우다. 자신은 잘 알지 못한다. 그만큼 자신을 객관화하기 어렵다. 주기적으로 자신의 업무에 대해 피드백을 받아 보완해야 한다. 꼭 평가를 통해서만 피드백받는다고 생각하면 '일 플레이어'에 필요한 다양성을 알지 못한다. 끊임없는 자기계발을 통해 자신을 높이려고 하고, 피드백을 받아들이는 태도를 겸비해야 한다.

우리 주변 동료들을 다시 한번 보자. 그들 중에 '일 플레이어'가 반드시 있다. 있는 듯 없는 듯하지만, 자꾸 찾게 만드는 사람들이다. 문제가 발생해서 2%가 부족해서 마무리가 잘되지 않을 때 우리가 꼭 찾는 이다. 문제 해결 능력과 추진력이 우수하다. 여러 가지 일을 할 수 있는 역량을 겸비했다. 지금은 리더도 관리와 실무 기술을 꾸준히 유지해야 한다.

그게 무엇이든 잘하려고 하고, 잘한다고 칭찬하면 실제 더 잘하게 되는 사람은 자발적 동기부여가 확실한 인재다. 꾸준히 노력해서 '일 플레이어'로 자신을 인식시켰기 때문이다. 이것이 긍정의 평판으로 이어져 더 성장할 수 있을 것이다. 당신은 지금 '일 플레이어'인가?

약점은 인정하고
강점으로 승부하라

사람은 누구나 강점이 많길 바란다. 강점이 많다는 건 다른 사람과 경쟁에서 더 좋은 성과를 낼 수 있는 경쟁력이 있기 때문이다. 반대로 약점이 있으면 마음이 불편한 것이 사실이다. 자신의 핸디캡을 감추려 한다. 최근 면접을 보면서 느낀 점도 비슷하다. 면접자들이 준비해온 것을 보면 자신이 약점인 것을 보완하려 많은 애를 쓰는 것을 볼 수 있다. 경쟁에서 부족한 부분을 보이기 싫어하는 측면이 있다. 특히 어학이 부족한 사람들은 이 부분을 적극적으로 보완하려 많은 시간을 투자하고 있다. 자신의 약점과 강점을 아는 것만으로도 대단하다. 나의 약점과 강점은 무엇일까? 다른 사람이 보는 나의 모습도 같을까? 문득 그런 궁금증이 들었다.

"권연서 대리, 이번 달 결품률이 어떻게 되지요?"

"네, 팀장님. 결품률은 A 업체가 4시간 발생했습니다."

"비율로는 어떻게 되는지 물었습니다."

"아, 네! 비율이요? 죄송합니다만 잘 모르겠습니다."

"결품에 대한 클레임 비용은 어떻게 되나요?"

"네, 당연히 클레임 처리 예정입니다. 비용은 별도 산정해보겠습니다."

"권 대리는 기획은 잘하는데, 숫자에 너무 약해! 구매 업무에서 숫자의 중요성은 알고 있지요?"

"네, 잘 알고 있습니다."

"그걸 아는 사람이 숫자만 보면 작아져요? 숫자를 보완해봐요."

"네 알겠습니다, 팀장님."

동구는 연서를 위로하고 있다. 연서가 유난히 숫자에 약하다는 것을 알고 있기 때문이다.

"이참에 수학을 다시 공부할까? 요즘 숫자 물어보는 팀장님 때문에 미치겠어!"

"수학이 아니라 숫자 감각이니까 평소에 숫자를 보는 눈을 높여야지!"

업무 잘하기로 인정을 받는 권 대리도 숫자 감각이 부족하다는 약점이 있었다. 잘 다루지 않는 숫자는 생각을 바꿔 숫자 위주로 사고하면 향상된다. 그러나 감각적으로 부족한 핸디캡을 어떻게 향상하느냐가 고민이다. 사람은 누구나 강점과 약점을 가지고 있다.

자신이 가지고 있는 강점은 경쟁력이다. 더욱 발전시켜야 함은 당연하다. 여기에서 혼란이 있지는 않다. 문제는 약점인데 이 부분을 극복하기는 쉽지 않다. 성격적으로 맞지 않을 수도 있고, 신체적으로도 한계가 있을 수 있다. 또 이 부분을 향상하려면 더 많은 시간과 노력을 들여야 한다. 결과가 좋으면 다행이다. 하지만 노력에 비해 좋은 결과를 얻을 수 있는지 확실하지 않은 경우도 있다.

이것은 개인에만 해당하지 않는다. 가령 직장에서 팀 단위에서 강점을 가지는 측면이 있고, 약점을 가지는 측면이 있다. 대부분 사람이 약점을 보완하려 든다. 하지만 약점보다 강점에 투자해야 한다. 강점을 개발한다는 것은 약점을 무시하거나 방관해도 된다는 이야기가 아니다. 약점에도 늘 관심을 가져 향상하려는 기회와 노력을 가져야 한다. 그러나 강점을 더욱 개발해야 약점을 극복할 수 있다. 왜냐하면, 우리에게는 한정된 자원이 있다. 시간적 제약과 돈이라는 효율이 있다. 우리가 가진 준비되지 않은 역량을 가지고 약점을 개선하기에는 많은 시간과 투자가 필요하다. 집중적인 노력을 기울여야 할 곳은 높은 역량과 기술이 준비된 강점 부분이고, 이 강점에서 더 좋은 성과를 발휘할 수 있음을 알아야 한다.

최근 MZ 세대를 중심으로 급격하게 유행하는 성격유형 테스트가 있다. 바로 MBTI다. 마이어스-브릭스 유형 지표(Myers - Briggs - Type Indicator)를 말하는데, 마이어스와 브릭스가 만든 성격유형 테스트다. 4개의 알파벳 조합을 통해 성격의 유형을 검사한다. 크게 분석형, 외교형, 관리자형, 탐험가형으로 구분한다.

나는 'ISTJ'로 청렴결백 논리주의자로 나왔다. 내가 생각하기에 나는 아닌 것 같은데 주위 동료가 이 타입이 맞는다고 한다. 어떤 검사에 따른다기보다는 자신의 경쟁력을 위해서는 잘하는 것을 발전시켜야 한다. 흔히 잘하는 것과 좋아하는 것 중에서 어느 것을 선택해야 할까 고민한다. 예전에는 좋아하는 것을 해야 성공한다고 했다. 지금은 경쟁이 심해져서인지 현실적인 조언이 있다. 책에서나 SNS 등에 따르면 잘하는 것을 해야 성공한다고 한다. 잘하는 것의 강점을 더욱 발전시켜 전문화하라는 의미다.

나에게도 강점과 약점이 있다. 내가 나를 평가하면 이렇다. 약점은 내성적이고 남 앞에서 나서지 않으려는 측면이 강하다. 성격이라 좋고 나쁨이 있는지 다른 측면이지만 직장생활 하면서는 개선이 필요하다고 생각한다. 이 부분에 노력도 많이 해서 좋아졌으나 성격적인 면을 인위적으로 바꾸려는 노력은 하지 않는다. 또 업무적으로 현실과 타협하는 측면이 있다. 내 생각과 틀린다고 해서 내 생각을 강하게 주장하지 못한다. 이후에 후회하는 때도 있다.

강점도 있다. 타고난 부지런함에 물고 늘어지는 꾸준함이 있다. 개선해야겠다고 마음먹은 아이디어는 몇 년이 걸려도 논리와 근거를 만들어서 해본다. 실제 몇 번의 경험을 해본 결과 근거와 논리를 바탕으로 추진하면 안 되는 일이 없었다. 한 번에 안 되는 일은 기다림이 필요했다. 준비와 기회가 합해져야 실행할 수 있다는 것을 깨달았다.

또한, 혼자 사색을 하며 결론을 내는 것을 즐겨한다. 또 이 부분이 나의 차별화라 생각한다. 섣불리 급하게 추진하는 성격은 아니다. 논리와 근거를 바탕으로 먼저 생각하는 습관이 있다. 이것이 평판으로 이어져 내 말은 긍정적으로 믿어주는 믿음이 있다.

강점을 가지고 승부를 걸고자 한다. 하지만 마음 한구석에서 신경 쓰이는 자신의 약점이 있다. 그렇다면 약점은 어떻게 보완해야 할까? 발상의 전환을 해보자. 약점을 보완하면 강점이 된다는 것을 인지하자. 스스로 약점을 핸디캡이라고 여기며 불안하거나 초조해하지 않아야 한다. 당당하게 약점을 먼저 인정하면 오히려 상대는 강점으로 받아들인다.

가능하면 남에게 숨겨 드러나게 하고 싶지 않은 것이 약점이다. 약점을 트라우마로 느끼기보다 이를 압도하는 강점을 찾아 상승시켜야 한다. 대표적으로 '강점 중심'을 강조한 경영학자가 있다. 바로 경영학의 아버지라 불리는 피터 드러커다. 그는 성과를 내는 사람은 "자신이 잘할 수 있는 일을 더 생산성 있게 만드는 사람"이라고 정의했다.

'내가 무엇을 잘할 수 있는가?'라는 질문을 반복적으로 들여다볼 필요가 있다. 내가 가진 시간과 자원으로 할 수 있는 일보다도 실질적으로 더 많은 일을 할 수 있다. 약점은 인정하고 보완할 부분이지, 열등감으로 좌절할 필요는 없다.

나는 직장에서 오랜 경험을 바탕으로 후배들을 지도하는 위치에 있다. 주기적으로 후배들과 면담을 통해 다양한 이야기를 한다. 업무 관련한 점검 및 진행 상황도 확인한다. 이때 내가 주의하며 지키려 노력하는 몇 가지가 있다.

첫째, 장점을 파악하고 잘하는 부분을 독려한다. 내가 관찰하고 평소에 업무 지시를 통해 소통하며 느낀 장점을 말한다. 어떻게 보면 일종의 칭찬이다.

"이번에 보고한 테스트 조건은 잘했어. 특히 다른 업체와 조건을 비교한 건 너무 좋았어. 폭넓게 관찰하는 기획이 장점이야."

"네 고맙습니다."

"기획을 잘하는 장점을 더 적용해봐."

다른 사람보다 잘하는 면을 부각해서 칭찬과 같이 조언하면 동기부여가 됨을 느낀다.

둘째, 단점을 말할 때 일대일 상황에서만 조언한다. 후배들을 관찰하면 대개 한두 개의 단점이 보인다. 또 단점이 아닐 수 있지만, 경력자 입장에서 보면 태도의 문제로 보이기도 한다. 지금 세대를 이해하는 측면이 다양함을 먼저 알아야 하는 측면도 있다. 내가 주의하는 것은 단점을 말할 때 일대일 상황에서 조언한다. 다수의 사람이 있는 가운데 단점을 이야기하는 것은 오히려 부작용을 낳는다. 맞는 말이라고 해도 단점은 지적이 아닌, 대안을 가지고 같이 고민하는 조언이 필요하다.

셋째, 50대 50의 비율을 지킨다. 자칫 조언한답시고 이야기하다 보면 꾸중을 한다. 나도 모르게 '꼰대' 역할을 한다. 상대와 공감하기 위해 노력한다. 면담은 경청이 답이다. 하지만 잘 알면서도 경청이 잘되지 않는다. 그래서 50대 50의 비율로 말하고 내가 듣기를 조율한다. 이것도 쉽지 않다. 상대가 공감하지 않으면 입을 닫는다. 어떤 화제를 돌려도 상대가 반응이 없으면 더 진행하지 않는 게 원칙이다. 사실 면담을 통하면서 오히려 내가 더 배운다고 생각한다. 장점이야 같이 이야기하며 내가 배울 점이 있는 사항은 방법을 물어본다. 자신도 누군가에게 알려주면 자존감이 상승해서 동기부여가 된다. 또 단점을 이야기하면서는 조심스럽다. 나는 당당한지 우선 나를 돌아보게 된다. 그리고 평소의 행동에서 조심하며 나부터 극복하려고 노력한다. 조언한답시고 오히려 나를 가르치는 선생들을 만나는 것이다. 이렇게 장점을 이야기하며 동기부여가 되어 더 잘해서 성과를 내는 후배가 있다. 평소에 의기소침하고 내성적인 성격의 후배였다. 나중에 다시 면담할 때 그 후배는, "저는 강점이라 생각하지 않았는데 팀장님이 인정해주시니까 더 잘하게 되었습니다"라고 말했다. 나 또한 동기부여를 주어 보람을 느꼈다. 내가 더 기쁜 마음이 드는 이유는 뭘까?

세상에 완벽한 사람은 없다. 좋은 결과물을 내고 성공한 사람들에게도 단점은 있다. 과거를 돌아봐도 위대한 위인들도 단점을 극복한 이가 많다. 자신이 성장하고 목표한 바를 얻기 위해서는 장점을 더욱 발전시켜 승부해야 한다. 단점을 보완하는 노력과 비효율은 잘하는 장점을 이용해서 더욱 발전시켜 다른 사람과 차별화할 필요가 있다. 단점이 많다고 실망하거나 좌절할 필요도 없다. 할 수 있다는 마음가짐에 자신의 의지를 더해보라. 무엇보다도 자신의 장점을 찾는 게 중요하다. 자신의 내면을 보는 것부터가 시작이다. 강점을 찾아 이 부분을 경쟁 상품으로 만들어 보자. 명품이 될 때 자신의 가치가 상승한다. 당신의 강점은 무엇인지 오늘 돌아봐야 하는 이유다.

'일 잘하는 사람'은
자기 일만 하지 않는다

요즘 티브이를 가끔 본다. 몇 년 전부터 프로그램에서 주로 많이 다루는 장르가 있다. 요리와 각종 신인 등용문인 오디션 프로그램이다. 이중에서 특히 내가 잘하지 못해서인지 요리 프로그램을 본다. 연기자나 가수 등 본업이 있는데도 요리를 잘하는 사람들을 보면 참 부럽다는 생각을 한다. 한 가지 일도 잘하기 어려워 노력하고 있는데, 다방면에 잘하는 장기가 있다는 게 부러워서인지 유심히 본다. 직장에서도 일을 야무지게 잘하는 사람이 다른 일도 잘하는 것을 본다. 타고난 것인지 나름 다른 노력으로 얻은 장기인지 모르나 개인적으로 부럽다. 자신이 좋아하고 관심을 가져야 잘하게 된다는 이야기를 듣는다. 회사에서 일하는 것 말고 나는 무엇을 좋아하고 잘하나 하는 생각을 해본다.

여기 갈등이 있다. 알게 모르게 자존심이 상해 속마음 또한 편하지 않다. 사내에서 벌어지는 일에 대해 다양한 의견을 제시한다. 그런데 내 생각이 반영되지 않을 때 괜히 우울한 마음이 든다. 직장생활에서 흔히 마주하는 상황이다. 당신은 어떻게 대응하는가?

최근 설비 고장으로 생산 불안정이 계속되고 있는 상태에서 고객사 물량이 증량되었다. 이에 대응하기 위해 관련 팀이 모여 미팅을 하고 있다.

맹 차장 : 평소에도 고장 등으로 생산계획을 맞추지 못했잖아요. 이번에 투자해서 완전히 교체해야 합니다. 이번이 기회예요.

권 대리 : 외주 공급능력에 다소 여유가 있습니다. 이번 건은 외주에서 공급하는 게 타당하다고 검토됩니다.

강 대리 : 생산은 제가 제일 잘 아는데, 협력업체로 한 번 나가면 나중에 조정하기 힘들고, 투자하려면 검토에 많은 시일이 걸립니다. 투자비도 아직 확보되지 않아 지원받을 수 있는지도 확실하지 않고요. 보전과 협의해서 수리해서 물량을 맞추는 게 적절합니다.

생산과 관련된 문제인데도, 관련 부서에서 더 많은 이야기를 하는 것 같아서 강 대리 마음이 편치 않다. 힘없이 팀장에게 보고하며, 조언을 구하는 듯한 눈빛을 보낸다.

강 대리 : 팀장님, 물량 증량 건으로 미팅을 했는데 각 부서의 의견이 상이해서 재조율해야 합니다.

최 팀장 : 왜? 강 대리 잘 안 되나요? 물론 각 제안이 일리는 있어요. 결국은 타당한 근거를 제시하는 안으로 결정되겠지. 강 대리의 의견을 숫자로 표

현해보세요. 특히 돈으로 전체적인 내용을 설명해보면 어떨까?

최 팀장이 말한 대로 돈으로 표현된 제안은 설득의 힘이 강력했다. 전체를 보고 업무를 구분할 수 있고 설득의 기술이 있는 최 팀장의 능력은 어디까지인지 동구는 생각했다. 회계 능력에 박식한 지식과 엔지니어 역량을 펼치는 최 팀장의 능력에 놀라고 있다.

직장 같은 조직에서 일하다 보면 이런 경우가 있다. 시스템으로 움직여야 하는데 사람을 따라가는 업무가 있다. 일 잘하는 직원에게 업무가 몰리고, 이에 따른 권한과 책임을 준다. 이런 경우 몇 년 그 직원이 근무할 때는 유지된다. 하지만 당사자가 이직하거나 다른 부서로 이동하면 난처한 일이 발생한다. 그 직원 외에는 잘하는 직원이 없어 역량이 부족하니 일을 나누거나 대폭 축소해서 진행된다. 그러다 그 업무는 없어지는 일도 많다. 사람에 따라 일이 따라가는 전형적인 형태다.

이렇게 다른 직원과 차별화가 있고 일 잘하는 사람들은 몇 가지 특징이 있다. 내가 관찰한 일 잘하는 사람들은 크게 두 가지가 다름을 알았다.

첫째, 내적 힘을 키우고 있다. 일을 잘하기 위한 자신의 역량을 끊임없이 연마한다. 우리는 실패를 두려워해서 하지 못한 일도 시행해보려는 마음을 가지고 있다. 보통은 결과를 보고 싶고, 해보고 싶지만, 실패를 두려워해서 주저한다. 자신감이 부족하고, 목표가 아직 실패를 넘을 만큼 간절하지 않다는 이야기다. 실패를 생각하기보다 목표를 완수해야 한다는 생각을 먼저 하면 실패는 과정에 지나지 않는다. 몇 번 실패한 게 흠보다는 목표를 얻고자 하는 과정임을 안다. 목표 중심이기에 과정의 다양한 변수를 준비한다. 항상 '플랜 B'를 염두에 두고 있다. 철저한 과정으로 성과를 내는 직원은 일이 몰린다. 자신이 어디에 속해 있든, 어떤 직책에서 일하든지 항상 주변에서 일을 믿고 맡긴다. 위에서 설명한 시스템보다는 사람이 우선인 경우다. 바로 나를 통하는 일을 만드는 것이다. 일종의 차별화가 확실하다. 회사에서 누군가에게 믿을 만한 실력을 찾는다면 바로 내가 선택되게 하는 것이다. 비슷한 스펙을 갖추고 비슷한 경력에서 출발했다. 하지만 자기 역량을 펼칠 수 있는 믿음을 준 건 바로 당신이다. 회사를 떠나서도 통할 수 있는 '자기 브랜드'를 만드는 사람들이 내적 힘을 가진 이들이다.

둘째, 자신의 역량을 넘어 미래를 대비한다. 일로서는 이미 능력을 갖추었다. 자기에게 주어진 일만이 아니고 전체를 아우르는 미래를 볼 줄 안다. 자신을 넘어 다른 것을 보기 시작하는 시기다. 직장은 혼자 일하는 곳이 아니라는 것을 이미 깨달았다. 리더의 자질을 준비하고 있다. 직장은 사람과 사람 사이의 끊임없는 상호작용으로 움직인다. 이런 점을 이미 알고 있어 같이 일하는 사회성을 중요시한다.

가령 우리가 어렸을 때 공부를 특별히 잘하거나 운동 등 한 가지만 잘해도 또래 친구들에게 인기를 얻곤 했다. 하지만 성인이 되어 직장생활을 하면서는 한두 가지 일만 잘해서는 곤란하다. 다양한 대인 관계를 잘해야 한다. 다양한 인원에서 발생하는 문제는 복잡한 이해관계로 얽혀 있다. 순수한 마음과 이성적인 지혜가 동시에 필요하다.

또한 이들은 미래를 준비할 때 주변을 본다. 자신의 미래를 준비하는 것뿐만 아니라 업무를 크게 본다는 것이다. 내 업무와 관련된 일련의 연결성을 본다는 뜻이다. 상사가 지시한 내용을 그대로 해석하는 것도 잘하는 업무다. 하지만 크게 보는 업무는 상호 연관성과 연결성을 본다. 관련 부서와 협의가 필요한 사항이면 먼저 설득하고 리딩한다. 내 역량이 가능하다는 방증이고 자신감이다.

직장에서 오래 근무한 선배들 중 다소 소통이 부족한 분들을 본다. 다른 업무도 부족하다면 모르지만, 자신의 업무에서 전문성은 탁월한데 소통 능력이 부족해서 더 상위의 직책을 맡지 못하는 사례가 있다. 진지하고 성실한 면은 장점이고, 후배에게 본보기가 되는 사항이다. 자신의 일에서 결함은 없다. 하지만 혼자 일할 수 없기에 관계성은 리더에게 필수 사항이다. 소통능력이 부족해서 동료나 부서원에게 동기와 목표를 부여하는 데 문제가 있다. 또 다른 리더들과 난이도 있는 영향력 있는 대화를 하기에 부적절하다면 선택받지 못한다.

나는 '일 잘하는 사람, 역량을 인정받는 사람'이 되고 싶다. 어느 정도 경력이 쌓이면서 내가 하는 일에 자신감을 느끼고 제대로 하려는 욕심이 생겼다. 처음 철없던 신입사원 때부터 이런 생각을 가졌다면 더 성장하지 않았을까 생각한다. 지금이라도 늦지 않았다고 생각했다. 그래서 생각을 정리하는 계기가 되었다. 많은 경험을 통하고 생각을 정리하면서 실천하는 나만의 일하는 방식이 있다.

첫째, 세부적인 기준을 스스로 만든다. 혼자 일할 때 스스로 목표와 계획을 세우면 기준이 된다. 하지만 여러 동료나 팀이 움직일 때 기준이 모호하면 우왕좌왕한다. 잘하지 않으려는 사람은 기준이 없으니 하지 않으려 하고, 또 적극적으로 하려는 사람도 근거가 없으니 주저하게 된다. 큰 기준이야 회사 내규나 규정에 있지만 모호하고 포괄적이다. 기준과 룰을 만든다는 건 바로 책임을 진다는 의미다. 그렇다. 자신의 업무 영역은 내가 책임을 질 때 권한도 같이 온다.

둘째, 피드백을 받는 시스템을 만든다. 피드백을 받아 방향성과 과정의 오류를 확인해야 한다. 결과만을 보면 과정의 오류를 모르는 경우가 있다. 주변에서 피드백을 받으면 내적으로 더욱 성숙될 수 있다. 또 동료들에게 피드백을 받는다는 것 소통한다는 의미다. 진실한 피드백만큼 소통이 잘 되는 예도 없다. 나는 다양한 사람에게 물어본다. 나와 관계적 일을 하는 분들에게 현재 진행되는 일과 미래에 준비해야 하는 사항들 말이다. 후배, 동료, 상사에게도 보완할 사항이 무엇이 있는지 진지하게 피드백을 받으려 노력한다.

셋째, 전체를 보려고 노력한다. 업무 분할을 통한 전문성을 키우고, 협업을 하려고 한다. 디테일을 아는 것은 무엇보다 중요하지만, 또한 전체를 보지 못하면 효율적인 분할이 어렵다. 우리가 잘하는 말 있지 않은가. 나무를 보지 말고 숲을 보라는 말이다. 나무와 숲을 같이 보려는 노력이다.

일 잘하는 방법에 정답은 없다. 정해진 프로세스나 교과서같이 시험에 나오는 출제범위 같은 것도 없다. 다만, 자신이 하고자 하는 열정을 바탕으로 앞선 선배들이 격은 간접 경험을 더한다면 한층 도움이 될만한 사항은 있다.

내가 추천하는 것은 독서다. 동기부여로 열정을 끌어올리고, 소통을 잘하는 관계성의 향상 비법은 바로 책에 있다. 수많은 방법과 시행착오의 경험이 책에는 무한으로 담겨 있다. 내가 얼마만큼 느끼고, 실천하느냐가 성공의 열쇠라고 생각한다.

나는 한동안 시간을 소비하는 단순 소비자에 불과했다. 목표가 없고 딱히 할 계획이 없다 보니 매번 시간이 없다 해도 버려지는 시간이 많았다. 일하고, 잠자고, 생활하는 시간을 제외하고는 소비하는 시간이었다. 목적 없이 보내는 시간이었다.

지금은 시간이 없다는 이야기를 하지 않는다. 다만, 시간의 소중함을 한층 알게 되었다. 부족한 시간을 내기 위해 어떻게 효율적으로 사용할까를 생각한다. 지금은 독서와 생각하는 시간이 추가되었다. 목적 없는 시간은 없어졌다. 독서와 생각의 시간이지만 독서에서 생각하는 법을 배웠다.

시간이 없는 직장인이라면 자투리 시간을 내어 독서하는 것을 추천한다. 결국, 직장생활은 경쟁과 비교의 연속이다. 주어진 시간 안에서 자신을 어떻게 노출하고 효율을 높이느냐가 관건이다. 자신의 잠재 능력을 발휘할 수 있도록 자발적 동기부여를 받아야 한다. 자신도 계기를 만들어 실천하고 반복해야 한다. 책이 그 방법을 알려주는 대안이 될 수 있다. 과거와 현재의 성공자들이 이를 증명하고 있다. 하지만 알면서도 못하는 그것은 실천하지 않았기 때문이다. 그리고 독서를 한다는 것은 그만큼 자신의 희생을 동반한다. 책 읽을 시간이 없다고들 한다. 책 읽을 시간이 없는 것이 아니라, 우선순위가 아니기 때문이다. 우선순위를 독서에 둔다면 시간은 얼마든지 있다.

자기만 잘하고 열심히 한다고 해결될 일은 없다. 자기 할 일을 잘하는 것만큼 직장에서 인정받는 것은 없다. 그러나 직장은 혼자 일하는 곳이 아니다. 사람과 사람의 관계 연장선에 있다. 내가 비교 우위에 있어 좋은 성과를 받았다면, 한편으로 마음 편하지 않은 동료가 있다. 그렇다고 열심히 일하지 말라는 이야기가 아니다. 동료의 마음을 이해하고, 공감하는 능력도 필요하다. 상위의 직책을 맡아 리더의 역할을 한다는 것은 자신만을 생각해서는 안 된다는 것을 뜻한다.

각자 자신에게 맞는 성장법을 실천해보길 바란다. 책에는 방법과 생각의 게으름을 일깨우는 처방이 있다. 희생을 동반하는 묘약을 먹느냐 먹지 않느냐는 자신의 선택이다. 하지만 당신은 내면의 성장을 이미 바라고 있다. 선택이 아닌 필수임을 믿어야 한다. 리더의 자질을 갖춘 당신은 미래를 그려야 한다.

몸값 높이는
직장생활 비법

제1판 1쇄 2022년 8월 5일

지은이 이종혁
펴낸이 서정희   **펴낸곳** 매경출판㈜
기획제작 ㈜두드림미디어
책임편집 우민정   **디자인** 김진나(nah1052@naver.com)
마케팅 김익겸, 한동우, 장하라

매경출판㈜
등록 2003년 4월 24일(No. 2-3759)
주소 (04557) 서울시 중구 충무로 2(필동 1가) 매일경제 별관 2층 매경출판㈜
홈페이지 www.mkbook.co.kr
전화 02)333-3577
이메일 dodreamedia@naver.com(원고 투고 및 출판 관련 문의)
인쇄·제본 ㈜M-print 031)8071-0961

ISBN 979-11-6484-449-4 (03190)